［新版］

子どもが伸びる ポジティブ通知表 所見文例集

小学校3年

知識・技能

思考・判断・表現

主体的に学習に取り組む態度

小川 拓 編

G 学事出版

はじめに

　2020年4月に小学校で改訂学習指導要領が全面実施されてから、3年近くが過ぎました。高学年での「外国語」の導入、「外国語活動」の中学年への前倒し、「主体的・対話的で深い学び」等への対応に追われる一方、2020年初頭から始まったコロナ禍への対応等で、現場の先生方は大変な思いをされてきたことと思います。

　今般の改訂で、子供たちに育むべき力が「知識及び技能」「思考力、判断力、表現力等」「学びに向かう力、人間性等」の「資質・能力の三つの柱」に整理され、「評価」の方法も大きく変わりました。具体的に、これまで4観点だった評価規準が3観点に整理され、指導要録の作成、さらには通知表の作成も、この「資質・能力の三つの柱」に基づいて行われることになりました。この新しい評価をどう進めていけばよいのか、いまだに頭を悩ませている先生方もいることでしょう。その基本的な考え方を本書の「PART1　解説 現行学習指導要領における学習評価と所見」（P.9～）にまとめましたので、参考になさってください。

　もう一つ、見逃してはいけないのは、通知表の所見欄の記述方法です。通知表に書く所見文は、当然のことながら形成的評価、総括的評価等と整合性が取れていなければなりません。つまり、所見文も新しい評価規準である「知識・技能」「思考・判断・表現」「主体的に学習に取り組む態度」の3観点に準じる形で、書いていく必要があるのです。

　そうした観点から、学年別の模範文例を収録した『子どもが伸びるポジティブ通知表所見文例集』を2020年4月に刊行しましたが、それからの3年間で学校を取り巻く状況は大きく変わりました。「GIGAスクール構想」の推進で1人1台端末が配備され、ICTを活用した授業が多くの教科で展開されるようになりました。また、新型コロナウイルスの拡大防止のため、いまだ多くの学習活動が制限を受けています。

　そうした状況を受け、今回前掲書籍をリニューアルし、『新版 子どもが伸びるポジティブ通知表所見文例集』を刊行することとなりました。前回版から収録文例数も増え、「ICTの活用」や「感染症拡大防止」等の新たな課題にも対応しています。

　前回版と同じく、「PART2　通知表・指導要録の「総合所見」で使える文例」（P.19～）は、「行動特性」に関する文例と「学習面の特性」に関する文例が収録されています。「行動特性」の文例は、「基本的な生活習慣」「健康・体力の向上」等、指導要録の「行動の記録」の10項目に沿って収録されており、「学習面の特性」の文例は上述した「3観点」に沿って収録されています。つまり、「行動特性」の文例と「学習面の特性」の文例を組み合わせて記述すれば、指導要録にも転用できる、バランスの取れた総合所見文が出来上がります。

　学校現場が大変な状況にある中、本書の活用を通じて各先生が児童と共に過ごす時間が少しでも増え、評価の充実と子どもたちの健やかな成長に寄与することを願っております。

　2023年1月

　　　　　　　　　　　　　　　　　　　　　　　　　　小川　拓

本書の使い方

 総合所見の作成方法 ||||||||||||||||||||||||||||||||||||||||

　通知表の総合所見は、子どもの**行動面の特性**と**学習面の特性**の両方を入れると、バランスの取れた内容になります。そのために、本書は次のような流れでご使用ください。

STEP1 ▶「行動面の特性」に関わる文例を選ぶ

　PART2 の「1 ポジティブな行動特性」（P20〜44）または「2 ネガティブな行動特性」（P45〜52）の中から1文を選びます。

1 ポジティブな行動特性（P20〜44）

> 1 「ポジティブな行動特性」に関わる文例
> **(1)「基本的な生活習慣」が身に付いている**児童の所見文
>
> | 主な行動特性 | すすんであいさつをする／手洗い・うがいをする／丁寧な言葉遣いができる／いつも落ち着いて行動／時間を守って行動／学校の決まりを守る／時と場合に応じた話し方／忘れ物がない／授業前に準備ができる／聞く姿勢が良い |
>
> 自分からすすんであいさつをすることができます。○○さんの元気なあいさつは、教室を明るくしてくれます。**この文例を選択** ができ、一日のスタートを気持ちよく過ご
>
> ハンカチやティッシュを忘れることなく準備することができました。**休み時間が終わった後の手洗い・うがいや消毒もしっかりと行うことができました。正しい生活習慣が身に付いています。**
>
> 雨の日の**休み時間**などは、読書をしたり友達とトランプをしたりして過ごすなど、学校の決まりをきちんと守りながら、安全な生活を送ること

2 ネガティブな行動特性（P45〜52）

> 2 「ネガティブな行動特性」に関わる文例
> **(1)「基本的な生活習慣」が身に付いていない**児童の所見文
>
> チャイムの合図で気持ちを切り替えて、**外遊び**を終わりにして席に着けるようになってきました。話をよく聞いて発表する回数が増え、学習課題に集中できるようになってきています。
>
> 忘れ物をする日が続き、学習に集中できないこともありました。予定帳をよく見てしっかり準備するよう声掛けをしているので、ご家庭でも様子を見ていただければと思います。
>
> 大きな声であいさつをするのを恥ずかしがっていましたが、少しずつ笑顔でできるようになってきました。毎朝、他の先生や友達にもあいさつできるようになり、とてもうれしそうです。
>
> 職員室に入るとき、当初はあいさつがなかなか言えなかったのですが、今では、自分の名前と用件をはっきりとした声で、しっかりとした態度

STEP2 ▶「学習面の特性」に 関わる文例を選ぶ

　PART2 の「3 学習面の特性」（P53〜90）から1文を選びます。

3 学習面の特性（P53〜90）

> 3 「学習面の特性」に関わる文例
> **(1) 国語に関わる**所見文
>
> ◆「知識・技能」に関わる文例
>
> | 特性キーワード | 修飾・被修飾の関係が分かる／辞書を…がきれいな／短歌・俳句の音読・暗唱が… |
>
> **この文例を選択**
>
> 教材「『じこしょうかいビンゴゲーム』をしよう」では、言葉には考えたことや思ったことを表す働きがあることに気付くことができました。また、言葉の組み立てを考えて話すこともできました。
>
> 物語「白い花びら」の中で、修飾と被修飾の関係など、文の構成について知ることができました。また、呼応の副詞（もし〜ならば、など）について知り、短文を作ることができました。
>
> 教材「国語辞典の引き方」では、国語辞典の引き方を理解し、辞典を活用することができています。意味が分からない言葉や使いたい**漢字**などを調べることもできます。

> ハンカチやティッシュを忘れることなく準備することができました。休み時間が終わった後の手洗い・うがいや消毒もしっかりと行うことができました。正しい生活習慣が身に付いています。
>
> **86 文字**
>
> **＋**
>
> 教材「『じこしょうかいビンゴゲーム』をしよう」では、言葉には考えたことや思ったことを表す働きがあることに気付くことができました。また、言葉の組み立てを考えて話すこともできました。
>
> **89 文字**
>
> **＝**
>
> **175 文字**

STEP3 ▶所見文の完成

　本書に収録された文例は全て 71〜90 字なので、2 文を組み合わせることで 142〜180 字の総合所見が完成します。

「特別の教科 道徳」「外国語活動」「総合的な学習の時間」の所見の作成方法

「特別の教科 道徳」「外国語活動」「総合的な学習の時間」の所見は、P92〜105 の文例から１文を選ぶだけです。

---

1 「特別の教科道徳」の文例

特性キーワード

正しいこと・正しくないことを判断／協力し合うことの大切さを理解／相手の気持ちを理解／家族を大切にする／自然を大切にする／ルールの意味を理解／努力することの大切さを理解／ルールや約束を守る／コミュニケーションの大切さを理解

「よわむし太郎」の学習では、自ら信じることにしたがって正しいことを行ったときの充実した気持ちを考え、正しいことや正しくないことについて判断することができました。

「自分をコントロール」の学習では、正しいことや正しくないことを自らコントロールすることの大切さを友達と話し合いながら考え、より良い判断が自分にもできることに気付くことができました。

「えがおいっぱい」の学習では、「助け合うことや人が嫌がることをしないことが大切だ」と記述し、学級目標の意味を改めて考え、それを実現

「わたしの妹かな」の学習では、登場人物の考えに共感しつつ自分の経験に照らし合わせて考え、家族のために働くことの大切さについて自分の考えを深めることができました。

「ヤゴのきゅうしゅつ大作戦」の学習では、学校にいるヤゴを救出する取り組みについて学級全体で話し合い、身近な生き物を大切にして、自然を守っていこうとする意欲を高めることができました。

> **この文例を選択**

「ドッジボール大会」の学習では、登場人物の思いを学級全体で話し合い、男女関係なく誰に対しても分け隔てなく接することについて自分の考えをまとめ、考えを深めることができました。

「新関係」の学習では、どうしてルールがあるのかについて考え、「みんなが嫌な気持ちにならないようにルールがある」と発言し、ルールを大

 本書の特長 ||||||||||||||||||||||||||||||||||||||||||||||||||||||||

特長① 各カテゴリーの冒頭に**特性キーワード**を掲載しているので、これを手掛かりに文例を探せます。

---

1 「ポジティブな行動特性」に関わる文例
（1）「基本的な生活習慣」が身に付いている児童の所見文

主な行動特性

すすんであいさつをする／手洗い・うがいをする／丁寧な言葉遣い／整理整頓ができる／いつも落ち着いて行動／時間を守って行動／学校の決まりを守る／時と場合に応じた話し方／忘れ物がない／授業前に準備ができる／聞く姿勢が良い

自分からすすんであいさつをすることができさつは、教室を明るくしてくれます。朝ができ、一日のスタートを気持ちよく過ご

> **特性キーワード**

ハンカチやティッシュを忘れることなく準備することができました。**休み時間**が終わった後の手洗い・うがいや消毒もしっかりと行うことができました。正しい生活習慣が身に付いています。

雨の日の休み時間などは、読書をしたり友達とトランプをしたりして過

特長③ 学年別の文例集のため、**各学年の教材・単元名**などが文例に盛り込まれています。（教科書が異なる場合等は、教材名を置き換えてご使用ください。）

3年生の教材名
（教科書が異なる場合は置き換え）

教材『『じこしょうかいビンゴゲーム』をしよう」では、言葉には考えたことや思ったことを表す働きがあることに気付くことができました。また、言葉の組み立てを考えて話すこともできました。

特長② 網掛けの文例は、**ネガティブな特性について書かれた文例**です。文章自体は、ポジティブな視点から前向きに書かれています。

物の重さを調べる活動では、「形が変わっても物の重さが変わらない」ことを、粘土やアルミニウム箔で何度も実験を行い、着実に理解することができました。

日なたと日陰の暖かさや湿り気について調べる活動では、調べたこと項目を立てて分か
> **ネガティブ特性に基づく文例**
の性質についても

昆虫の体のつくりを調べる活動では、勇気を出して一生懸命観察していました。体が三つに分かれていることや、足が出ている箇所等をタブレット端末の画像や３Dアニメーションで復習しましょう。

イモムシを育てる活動では、苦手ながらも一生懸命育てることができました。勇気をもって観察を行い、その特徴をしっかりと捉えることができるように支援を続けます。

特長④ 本書には**索引（P107〜）**が付いています。児童の活動内容（あいさつ、着替えなど）活動場面（朝の会、休み時間、遠足など）、学習内容（たし算、マット運動、鉄棒など）から検索できるので、児童について思い出せる場面をもとに、文例を探すことができます。

目 次

3 「学習面の特性」に関わる文例

（1）国語に関わる所見文

（2）社会に関わる所見文

（3）算数に関わる所見文

（4）理科に関わる所見文

（5）音楽に関わる所見文

（6）図画工作に関わる所見文

（7）体育に関わる所見文

（8）特別活動に関わる所見文

解説
現行学習指導要領
における
学習評価と所見

●

このPARTでは、2020年4月から全面実施された現行学習指導要領における学習評価と所見について、基本的な事柄を解説していきます。

CONTENTS

現行学習指導要領における学習評価

小川 拓（共栄大学准教授）

1 学習評価の前に

　適切な評価をするためには、子供たちをよく見ておかなければいけません。テストの結果だけで成績を付けることができるのは、一部分です。適切な評価ができる教師は、良い授業も行っているはずです。単元目標などをしっかりと見据え、児童の実態に合わせた適切な計画・指導が行われていなければ、どこで評価するかも分からず、適切な評価ができるわけがありません。良い教師は、日々の形成的評価の中で児童の実態を把握し、様々な手段を使い「個別最適な学び」を創出していきます。形成的な評価の積み重ねがあってこそ、総括的な評価が生まれ、通知表や指導要録の文言につながっていくのです。

　通知表や指導要録の文言は、最終的な成績に対する文言でなくても構いません。子供たちの努力や経過、取組を書くこともできます。その際には形成的な評価と個別最適な学びを提供する教師の知識や分析力、指導技術が重要となってきます。

　子供たちを「よく見る」とは、適切に子供を褒められるということにつながります。「褒める教師」は、適切な評価ができると言っても過言ではありません。子供たちの悪いところは黙っていても目につきます。しかし良いところは、褒めてあげようという姿勢がなければ見つけることができません。そのため、いつ何時も子供たちを褒めてあげようという気持ちを持つことが大事なのです。イメージとしては、子供を褒めるスイッチを「ON」にしたまま子供たちと接するのです。その都度、「ON」にするのではありません。四六時中、「ON」にしたままにするのです。そのような姿勢が「子供たちを見る視点」を高めていきます。

2 現行学習指導要領における学習評価

　現行学習指導要領（2017年告示）において、各教科等の目標や内容は、教育課程全体を通して育成を目指す「資質・能力の三つの柱」に基づいて再整理されています。

> ア 「何を理解しているか、何ができるか」（知識及び技能）
> イ 「理解していること・できることをどう使うか」（思考力、判断力、表現力等）
> ウ 「どのように社会・世界と関わり、よりよい人生を送るか」（学びに向かう力、人間性等）

　学習評価もこの「資質・能力の三つの柱」に準じて行われていることはご理解いただいているところだと思います。

　このうち「学びに向かう力、人間性等」については、「①『主体的に学習に取り組む態度』として観点別評価（学習状況を分析

的に捉える）を通じて見取ることができる部分と、②観点別評価や評定にはなじまず、こうした評価では示しきれないことから個人内評価（個人のよい点や可能性、進歩の状況について評価する）を通じて見取る部分があることに留意する必要がある」（中央教育審議会答申2016年12月）とのことから、観点別学習状況の評価（評定）については、以下の3観点で行われます。

①知識・技能
②思考・判断・表現
③主体的に学習に取り組む態度

通知表の所見欄についても、学習面の記載はこれら3観点から見て、「優れている部分」や「課題のある部分」を記述していくことによって、評定との連動性が図られることになります。

また、基本的な方向性も示されています。
①児童生徒の学習改善につながるものにしていくこと。
②教師の指導改善につながるものにしていくこと。
③これまで慣行として行われてきたことでも、必要性・妥当性が認められないものは見直していくこと。

上記も踏まえながら幅広く、教育効果を高めるようにしながら学習評価に取り組んでいく必要があります。

難しそうに聞こえますが、子供たちのために資質・能力を高めていくことを第一に考えながら教育活動を行っていれば、普通のことかもしれません。

3 評価規準と評価基準を明確化し、公正な評価を

人が人を評価するというのは非常に難しいことです。自分の感覚だけで評価を行うと「いいかげん」な評価になってしまったり、「学習内容（活動）」の評価から大きくかけ離れた評価になってしまったりします。

そのために、「評価規準」と「評価基準」を設定する必要があります。どちらも「きじゅん」と読むために二つを混同してしまう先生も多いようです。簡単に説明すると、

「評価規準」→手本
「評価基準」→ものさし

となります。

「評価規準」は手本ですから、この単元（授業）でこのような児童に育ってもらいたいという姿になります。「単元目標」や「本時の目標」と表現は異なりますが、非常に近いものになります。

「評価基準」は、評価をする際の「ものさし」ですので、「Ａ：たいへんよい」「Ｂ：よい」「Ｃ：もう少し」のような形で設定されます（通知表）。文章で表現され、観点の内容によっては、点数で表現されることもあります（指導要録と通知表では文言は異なりますが、考え方は同じです）。

「Ｂ」を基準にして、それ以上を「Ａ」それ以下を「Ｃ」とするような考え方もあります。また、「Ａ」と「Ｃ」を明確に示し、「Ｃ」と「Ａ」の間を「Ｂ」とするような場合もあります。

実際に評価を行っていく際には、そうして設定された「評価基準」を参考にします。評価基準の文言は、文章で書かれていることが多く、そのため、評価「Ａ」と「Ｂ」の境界が、判定しづらいケースもあります。同じような実態の児童であっても、ある先生は「Ａ」、自分は「Ｂ」と評価が分かれてしまうこともあります。そうした状況が起

きると、児童ばかりでなく、保護者の信頼も失いかねません。

そうならないためにも、学校で評価について共通理解を図っておく必要があります。中でも一番大切なのは、学年（または、低中高のブロック）間の共通理解です。補助簿やメモ等を見ながら評価基準に照らし合わせ、学年で話し合い、細かい基準を明確にしていく必要があります。児童のノートやワークシート、作品などを見せ合いながら行うのも有効です。そうした話し合いを通じ、教師間、学級間の評価に対する考え方の差が埋まっていきます。また、若手教員が評価のやり方や考え方を先輩教員に学ぶ場にもなります。児童の作品等を見せ合えば、指導法にも話が及ぶことでしょう。若手にとっては、中堅・ベテランの指導法やちょっとした配慮、裏技的なテクニックやエッセンスを学ぶ良い機会にもなります。

（1）「知識・技能」の面から、所見をどう書くか

「知識・技能」の所見については、ペーパーテストや小テストの累積の結果を文章で書くこともできますが、児童の観察や実験の様子、文章で表した内容等も踏まえて記述していくとよいでしょう。

その際、個別の指導計画やスモールステップの指導等、「個別最適な学び」に向けた指導がポイントになります。通知表の評価は「Ｃ」であったとしても、必ず成長している部分があります。「できなかったものができるようになった」「○○ができるまで、あと一歩まで到達した」など、通知表の「○」印だけでは、読み取ることのできない部分を所見に記すと、児童にも保護者にも喜ばれる通知表となります。

（2）「思考・判断・表現」の面から、所見をどう書くか

「思考・判断・表現」では、授業内で単に話し合いの場を設けて、その様子を評価すればよいということではありません。文章、図やイラスト、ペアトーク、グループ活動、プレゼンテーション、作品の制作、その他の表現等を総合的に評価していくことになります。その際、観点別評価の評価基準に照らし合わせた上で、評価した部分を所見に記したり、特徴のある児童の様子を記述したりすることもできます。

通知表や指導要録の成績は「絶対評価」ですので、個人内評価の部分を通知表の所見で伝えることができます。また、授業を行う上で、児童が自ら「話し合いたい」「発表したい」「できるようになるための方法を考えたい」等の気持ちが起きるような授業づくりをしていくことも大切です。

（3）「主体的に学習に取り組む態度」の面から、所見をどう書くか

「主体的に学習に取り組む態度」の評価する姿や力については、「挙手の回数」「ノートの文字のきれいさ」「忘れ物」等、その児童の性格的な面やそのときの一時的な行動の様子を評価するものではありません。

「態度」という言葉から、「話を聞く姿勢（態度）が悪い」「私語が多い」等、態度が悪いから評価を「Ｃ」にするような評価は、適切ではありません。

「主体的に学習に取り組む態度」の「態度」とは、行われている授業の「目標」に向かっていく態度であり、自らが目標を持

ち、課題に向かって粘り強く取り組んだり、積極的に係わり、自己の学習を振り返ったりしながら学習を進める「態度」を評価するということになります。

そのように考えると、「主体的に学習に取り組む態度」は、「知識・技能」「思考・判断・表現」の2つの評価の観点にも、深く影響することになります。「ノートを丁寧にとっている」「話を聞く態度がよくなった」等は、行動面の所見でも十分に伝えることができます。

④ 通知表の作成における留意点

評価を行う際に児童の様子を見取っていくわけですが、全ての観点を毎時間行うというのも現実的ではありません。また、学期の最後にまとめて評価するというのもよろしくありません。ある程度まとまった指導の後に学習評価を行い、補助簿（学級の名表）に評価を記入していきましょう。

授業内で児童の様子を評価しなければいけない場合には、付箋を使うのも有効です。名表で名前を探して、「○△」や「ＡＢＣ」を記入するより、評価の観点と評価基準を頭に入れ、付箋に児童の名前を書いていった方が時間を短縮できます。

「ＡＢＣ」で評価するのであれば、「Ａ」と「Ｃ」の児童名を記録し、児童が下校後、補助簿に転記していくとよいでしょう。

⑤ 特別の教科道徳（道徳科）の評価について

道徳科の評価について、学習指導要領に「数値などによる評価は行わないものとする」とあるのは、周知のことと思います。また、「学習状況を分析的に捉える観点別

評価を通じて見取ろうとすることは、児童の人格そのものに働きかけ、道徳性を養うことを目標とする道徳科の評価としては妥当ではない（小学校学習指導要領解説 特別の教科道徳編）」にあるように、観点別評価も適切ではないとされています。

とはいえ、道徳科は「評価をしなくてよい」ということではありません。評価においては、「内容項目」ごとに知識を植え付け、それについて評価を行うのではなく、ある一定期間の児童の成長を積極的に見取り、評価していくことが大切です。その際、他者と比べるのではなく、個人内評価として記述していきます。

記述する際に、重視したいポイントは以下の2点となります。
① 一面的な見方から多面的・多角的な見方へと発展させているかどうか。
② 道徳的価値の理解を自分自身との関わりの中で深めているかどうか。
この点に留意しながら進めてください。

【参考・引用資料】
・道徳教育に係る評価等の在り方に関する専門家会議「「特別の教科道徳」の指導方法・評価等について（報告）」（2016年7月）
・中央教育審議会「幼稚園、小学校、中学校、高等学校及び特別支援学校の学習指導要領等の改善及び必要な方策等について（答申）」（2016年12月）
・文部科学省「小学校学習指導要領（平成29年告示）」（2017年3月）
・文部科学省「小学校学習指導要領解説特別の教科道徳編」（2017年7月）
・中央教育審議会「学習評価の在り方について」（2019年1月）
・文部科学省「小学校、中学校、高等学校及び特別支援学校等における児童生徒の学習評価及び指導要録の改善等について（通知）」（2019年3月）

解説 2

所見を書く上で
気を付けたいポイント

小川 拓（共栄大学准教授）

1 「教育効果」を意識すること

　通知表の文面で、「よく発言するようになり、頑張っています」等の文面を見ることがあります。褒め言葉を入れて書かれていますが、それだけでは教育効果が薄いでしょう。学校で行われている活動は、全て「意図的」「計画的」に行われなければならないからです。そう考えると、通知表も教育効果がもたらされるように作成・記述していく必要があります。学校によっては、通知表に「あゆみ」「かがやき」等の名前を付けているところもありますが、それは教育効果を高めようとしていることの表れとも言えます。

　それでは、通知表に求められる役割とは何なのでしょうか。第一に挙げられるのは、学習意欲等のモチベーションの維持・向上です。その意味でも、通知表を見た児童や保護者が「次の学期（学年）も頑張ろう」などと思うような通知表にしていかなければいけません。そうした通知表にすることで、児童や保護者の信頼も高まります。

　通知表は、学期を通しての総括的な評価です。だからこそ、日々の授業や形成的な評価をしっかりと積み重ね、通知表や指導要録などの総括的な評価へと、つなげられるようにしていくことが大切です。

　通知表の所見については、どのように捉えていけばよいのでしょうか。端的に言えば、一人一人の子供たちへの「具体的な褒め言葉」を記入するということに尽きると思います。もしかすると、「この児童には褒める言葉が見当たらない」と悩まれる先生もいるかもしれませんが、それは他の児童と比べているからです。

　現在の通知表の評定は「絶対評価」ですから、ある基準ラインを超えていれば、全ての児童がA評価を取ることができます。そうした評価基準で所見を考えてしまうと、能力の低い児童は学習面において優れていることがなく、「書くことがない」ということになってしまいます。しかし、所見を書く上で、絶対評価的な考え方は向いていません。むしろ「個人内評価」的な考え方をした方が、一人一人の伸びを褒めて認め、所見として残すことができます。そのためには児童一人一人の能力を把握し、個に応じた指導を行い、本人の言動や成長を前向きに記述していくことが大切です。そうした所見が、児童のやる気をさらに伸ばすことになります。

2 学習評価の基本は「褒める」

　小学校の先生方と話をしていると「評価は難しい」との声をよく聞きます。確かに、人が人を評価するのは難しいことですが、大切なのは普段から実施している教育活動自体が、評価につながっていると考えることです。

　ある内容を学級で指導したとしましょう。

児童はその内容を身に付けようと、一生懸命取り組みます。よくできる児童について「よくできていますね」と声を掛ければ、それは評価です（評価基準に照らし合わせて）。

一方で、一生懸命取り組んでいてもなかなか成果が出ない児童に対しては、どのような声掛けをしているでしょうか。「ここまでできるようになって、素晴らしいですね」「一生懸命に取り組んでいる様子が立派です」「あと、もう少しですね。ここを工夫するとさらに良くなりますよ」などと声掛けをしていくと思いますが、そうした働き掛け自体も学習評価となり、そのプロセスを通知表の所見として書くこともできます。

これは、形成的評価（一人一人の日々の学力を把握し、次の指導を行うために行われる評価のこと）と呼ばれるもので、単元の評価計画に照らし合わせて行っていきます。児童は、個によって能力が異なります。画一的な一斉指導だけでは一人一人の能力を伸ばすことができません。日々の形成的評価を積み重ねることで、児童はより良く成長していくのです。その様子を記録に残し、児童のより良い側面が表出している部分を選んで、所見に書くことが大切です。褒めるということが、教育評価の一番大切なところなのです。また、褒め言葉とともに、個人の伸びたところを伝えることが、児童や保護者の喜びにつながり、次学期（次学年）への意欲を高めます。

❸ ネガティブな側面も、ポジティブな側面から書く

低学年に、たし算の繰り上がりの計算が苦手な児童がいたとしましょう。その際

「○○さんは、たし算の繰り上がりの計算が苦手なようです。家庭でも練習すれば定着するでしょう」と所見に記入しても、児童はやる気が出ません。むしろ、やる気を失ってしまうことでしょう。この記述は、教師自らの指導の責任を家庭に転嫁しているようにも見えます。

では、次のように書けばどうでしょうか。

「たし算の繰り上がりでは、何度も何度もブロックを使いながら練習していました。少しずつではありますが確実に定着しています。○○さんの頑張りをご家庭でも応援してあげてください。」

前述の所見に比べ、児童も保護者もやる気が出るのではないでしょうか。児童ができないことや苦手なことでも、前向きに取り組んでいる様子や進歩している様子を記述すれば、それは褒め言葉に変わります。

担任、授業者であれば、児童一人一人の個性や能力を把握しているはずです。「個に応じた指導➡個別最適な学び」を行っていれば、褒め言葉とともに良い所見文が記述できることでしょう。

❹ 教科評価と所見との整合性を取る

通知表の作成には、多くの時間と労力を要します。35人学級であれば35人分のデータをそろえ、観点別評価を行い、所見を記していく必要があります。

所見の書き方として、各教科の評価を意識しながら書いていくケースと、意識しないで書いていくケースとがあると思います。

通知表の所見は個人内評価も加味して書くことが多いですから、どちらも間違いではありません。

注意していただきたいのは、「教科評価と所見との整合性」を取ることです。前述した通り、所見は褒め言葉を入れて書くことが多いのですが、その際は「教科評価と所見との整合性」という点で、保護者に誤解を与えないようにする必要があります。

例えば、算数の観点別評価で「C評価」を付けたとしましょう。その上で、通知表の所見に「計算練習をよく頑張っています。ご家庭でも褒めてあげてください」と記述すると、「頑張っているのに、なぜC評価なのか」と、不信感を与えてしまいかねません。教科評価が「C評価」なのであれば、例えば「○○の計算について練習を重ね、定着しつつあります。宿題なども少しずつですが、行えるようになってきました」のように、整合性のある記述が必要です。多くの家庭が通知表を子供の成長の記録として何十年も保管しているわけで、誤解を生まないように留意することが求められます。

5 「行動の記録」の記録の取り方

人間の記憶というものは、非常に曖昧なものです。見聞きした時点ではしっかりと覚えていても、時間が経てば忘れてしまいます。20分後には42％を忘れ、1時間後には56％を忘れ、1日後には74％を忘れ、1か月後には79％を忘れます。そうしたことを考えても、「記憶」に頼るのではなく、「記録」をしていくことが重要なのです。

では、どのように記録を取っていけばよいのでしょうか。

具体的な手法の一つとして、学級のノートを1冊作ってみてはいかがでしょうか。1人につき1ページのノートです。35人学級であれば、35ページのノートとなります。

ノートの1ページを半分に折り、左側にはその児童の特徴的な出来事を短く記述していきます。「○月○日：けがをした1年生を保健室に連れて行く」「○月○日：掲示物の手伝い」「○月○日：花の水替え」といった具合にです。係活動などとは別に、自主的に行ったことを書いていくとよいでしょう。

前述したような、学習面での取組や成長も、併せて記録に残していきましょう。また、問題行動等の内容も、日付とともに記録しておきます。

一方、ページの右側には保護者とのやりとりを記録していきます。そのノートを見ながら面談や電話連絡を行い、記録を残しておくと、後で有効に活用することができます。そうした記録を残しておけば、次の面談や電話連絡を行った際に、「前回、お母さんが心配されていた○○の件、その後いかがでしょうか？」等と話すこともできます。私自身、そうした話をよくしていましたが、多くの保護者が「先生、よく覚えていらっしゃいますね」と、話されていたのを覚えています。

学期の終わりには、このノートを見ながら通知表の所見を書いていくと、より具体的な内容を記述することができます。

6 評価記号で差をつける

各教科評価の記号を作り、所見に結び付けるのも有効です。学習後、評価を行う際に「A」「B」「C」の記号をつけていくと思います。その際、評価基準に照らし合わせて「A」評価をつけたものの、後で振り返った際に具体的にどこが良くて評価を付けたのかが分からなくなることが少なくありません。そうしたことを防ぐために、記

載方法を工夫しておくことをお勧めします。

　例えば、各教科領域の表現活動として発表をさせることがあるでしょう。「A」評価の児童の場合、何が良かったかを次の図のように「A」の周りに記していくのです。

評価記号の例

　図内の「T」は「正しさ」、「K」は「声の大きさ」、「H」は「表現の豊かさ」を表しています。あるいは「S」として発表の「速さ（スピード）」や「テンポ」等を記載することもできます。児童が一人ずつ発表しているときは、授業者も余裕がありますから、名表の「A」の周りに記号を書いていくことができることでしょう。

　こうして記述しておけば、児童は評価基準に照らし合わせて行った学習評価において「A評価」であり、「正しさ」「声の大きさ」「表現の豊かさ」が優れていたことが分かります。これを、通知表の所見用に文章にすればよいのです。

７　通知表の所見は多くの目で

　児童の行動の中には、良い行いもあれば良くない行いもあります。良くない行いについては当然、指導を重ねて改善していく必要があります。良い行いについては、通知表の所見に記入することが可能です。

　とはいえ、子供たちは担任が知らない場所でも、様々な活動をしています。そうした行いについては、どうすればよいのでしょうか。

　よく行われているのが、「子供の良さ発見カード」です。このカードを職員室に置き、子供たちの良い行いを見つけた場合に記入して、担任の先生に渡します。

　学級担任は、クラスの児童に対し「Aさんはこのような子だから、きっとこうに違いない」と固定観念で見てしまうことが少なくありません。でも、複数の教師の視点で子供たちを観察すれば、児童の新たな一面を発見することもできます。児童からすれば「自分のこんなことも知ってくれているのか」とうれしく思うとともに、教師への信頼度も向上するでしょう。また、報告をしてくれた教師にも感謝するに違いありません。

　また、学級活動の中でワークシートに書かせて発表し合う活動（グループで行ってもよい）、帰りの会等で「今日のMVP」として良かった行いを発表する活動なども有効です。

　そうした取組は、所見の材料にすることもできます。記録は、前述した学級のノートに書いていきましょう。個人面談等の際にも役に立ちます。また、児童に書かせた「となりの子の良いところ」（各学期末に行うとよい）のワークシートも、保管しておくことで、通知表の所見の材料にすることができます。こうした活動を行えば、児童同士の関係も良くなり、学級の雰囲気も明るく優しい感じになっていきます。

　本書では、読者の皆さんと同じように現場で指導している先生方が、学習指導要領の方針を踏まえつつ、ご自分の経験や指導も基にしながら執筆した文例をたくさん掲載しています。皆さんが児童の実態に合わせて所見を書く時、どのように表現してよいか困った時などに、ぜひ参考にしてください。同じ内容でも言い回しや表現の仕方をより良くすることによって、児童や保護者に与える印象は大きく変わります。

通知表・指導要録の「総合所見」で使える文例

●

　この PART では、通知表や指導要録の「総合所見」で使える文例を紹介します。20〜52ページの行動特性に関わる文例から1文例、53〜90ページの学習面の特性に関わる文例から 1 文例を組み合わせる形でご活用ください。

CONTENTS

ここから1文例
（71〜90 字）

+

ここから1文例
（71〜90 字）

142〜180 字程度の所見文が完成

（1）「基本的な生活習慣」が身に付いている児童の所見文

**主な
行動特性**

すすんであいさつをする／手洗い・うがいをする／丁寧な言葉遣い／整理整頓ができる／いつも落ち着いて行動／時間を守って行動／学校の決まりを守る／時と場合に応じた話し方／忘れ物がない／授業前に準備ができる／聞く姿勢が良い

自分からすすんであいさつをすることができます。○○さんの元気なあいさつは、教室を明るくしてくれます。朝の準備も手際良く進めることができ、一日のスタートを気持ちよく過ごしています。

ハンカチやティッシュを忘れることなく準備することができました。**休み時間**が終わった後の**手洗い・うがい**や消毒もしっかりと行うことができました。正しい生活習慣が身に付いています。

雨の日の**休み時間**などは、**読書**をしたり友達とトランプをしたりして過ごすなど、学校の決まりをきちんと守りながら、安全な生活を送ることができています。

体育着や給食着を丁寧にたたみ、きちんと袋にしまっています。ロッカーや机の中も常に整えられており、**整理整頓**の習慣が身に付いています。掃除用具の正しい使い方もできています。

身の回りの**整理整頓**をしっかりとすることができました。机の回りにごみや物が落ちていることはなく、良い学習環境をつくり出すことができました。正しい習慣が身に付いている証しです。

廊下を歩くときには、右側を静かに歩いています。たくさんの人が生活する学校の中で、安全に生活しようとする態度が身に付いている証拠です。いつも落ち着いて行動する姿に感心しています。

登校すると自分からすすんで大きな声であいさつするなど、気持ちの良い朝を迎えることができています。お辞儀をしたり笑顔であいさつしたりするなどして、下級生の手本となっています。

授業中は名前を呼ばれると、大きな声で「はいっ」と返事をすることができます。また、しっかり「です」「ます」などの敬語を使うことができ、周りの友達の良き手本となっています。

授業が始まる前には、きちんと学習用具をそろえるなど学ぶ準備ができています。時刻を守ることもできており、掃除の時間になると友達に声を掛け、素早く掃除に取り掛かることができています。

朝、教室に入ると誰よりも大きな声であいさつをしてくれます。元気にハキハキとあいさつをする姿はとてもすがすがしく、学級のみんなにも朝から元気を与えてくれています。

いつも丁寧な言葉遣いで話ができます。授業中はもちろん、休み時間にも丁寧な言葉遣いで友達と話ができることは素晴らしいことです。そのため、友達と仲良く穏やかに過ごすことができました。

誰に対しても丁寧な言葉遣いで話すことができます。時と場合に応じた話し方もできており、感心しています。相手の気持ちを理解しながら、語り掛けている態度がとても立派です。

朝や帰りのあいさつはもちろんのこと、「ありがとう」「ごめんなさい」などの言葉もごく自然に出てきています。○○さんのあいさつのおかげで、クラスの雰囲気が明るくなってきました。

失敗してもすぐに気持ちを切り替えて前向きに次の行動に移すことができます。失敗した後、次にどのように行動するかが大切だということを理解している証拠です。

学校生活の決まりを守り、行動することができます。休み時間の校庭の使い方をしっかりと理解し、周りの友達にもそれを伝え、安全に遊ぼうとする姿が見られました。

背筋を伸ばした良い姿勢、正しい鉛筆の持ち方が身に付いています。どの授業でも、丁寧に字を書いているので、ノートが見やすく、手本として学年掲示板に掲示されています。

道徳科の授業で勉強したことを生かして、礼儀正しい言葉遣い、あいさつができています。相手を思いやる言葉遣い・あいさつができるため、周りの友達とも良好な関係性が築けています。

時間を守る意識があります。チャイムが鳴らなくても、時計を見て判断することができていて、良い手本となっています。友達にも声を掛けられるので、クラス全体に良い意識が広がっています。

翌日の準備を連絡帳に丁寧に書いて確認できているので、忘れ物がありません。授業の準備がしっかりできていて、気持ち良く授業に臨めていることが何より素晴らしいです。

元気の良いあいさつができるだけでなく、丁寧な言葉遣いもできています。教師からのアドバイスなどに「はい。ありがとうございます」と気持ちの良い返事ができる○○さんです。

元気の良いあいさつ、返事をすることができ、毎朝教室の雰囲気を明るくしてくれます。教師だけでなく友達にも自分からあいさつをすることができ、クラスの手本となっています。

学校生活に必要である身の回りの物を忘れずに準備したり、学習に必要な道具をあらかじめ用意しておいたりと、常に忘れ物をしないように心掛けていました。

身の回りの整理整頓が徹底され、自分の持ち物の管理を自分で行うことができました。掃除の際にも学級文庫が乱れていることに気が付き、すすんで整理する姿が見られました。

いつも机の中を整理整頓し、算数などで三角定規が必要なときなども、すぐに取り出せるようにしていました。そのため、どの教科も学習への取り掛かりがスムーズになりました。

靴箱に靴を入れる際、靴のかかとをそろえるよう意識し、習慣として身に付けることができました。習慣化されたことで、いつも整っている状態を維持することができています。

毎朝「おはようございます！」と元気な声で教室に入って来たり、配布物を後ろの友達に渡す際に「どうぞ」とさりげなく声を掛けたりと、周囲を気持ちよくしてくれています。

授業の始まりと終わりのあいさつを元気に行ったり、廊下ですれ違った先生にすすんであいさつしたりしていました。相手の目を見てあいさつする姿勢が称賛され、良き手本となりました。

クラスの誰よりも元気で気持ちの良い**あいさつ**ができます。私が教室に行くといつもはつらつとした○○さんがいます。友達にも自分から声を掛けている姿が印象的です。

授業開始の時刻には、学習の準備を整えて着席するというルールがしっかりと身に付いています。その姿が学級の手本になり、学級全体をより良く高めてくれました。

前日や登校前に再確認する習慣が身に付いており、忘れ物をしたことがありません。日々の**授業の準備**も、**休み時間**にすることができ、学級の良き手本となりました。

授業開始の時刻には、**学習の準備**を整えてチャイムが鳴る直前に必ず**着席**し、心の準備もすることができました。時間をしっかりと守る姿勢は、学級の良き手本となりました。

休み時間にはタイピング練習に夢中になって取り組んでいますが、**授業**が始まる際には、必ず机の上に学習に必要な物が用意されているなど、切り替えることができます。

授業が始まるときには、必ず学習に必要なものが机の上に用意されています。また、背筋を伸ばしてあいさつするのを待つ姿はみんなの良き手本となっています。

聞く姿勢が大変立派で、校内聞き方名人として表彰されました。話をしっかり聞き、何事にも意欲的にチャレンジする姿勢は、学習面・生活面の両方での着実な伸びにつながっています。

1 「ポジティブな行動特性」に関わる文例
（2）「健康・体力の向上」が見られる児童の所見文

 主な行動特性

外遊びをする／毎日休まず登校／規則正しい生活／給食の好き嫌いをしない／手洗い・うがいをする／給食を完食／欠席がゼロ／歯磨きを欠かさない／6時間目まで集中／保健の学習を実際の生活に生かす

いろいろな**外遊び**を通して、体力を高めることができました。**なわとび**や**鉄棒**など、**体育の授業**で学習した技を少しでもできるようにしようと**休み時間**に練習していました。

めあてをもって運動に取り組むことができました。**休み時間**は**持久走大会**に向けて、友達と一緒に校庭を何周も走っていました。たくさん走ったことで、体力を高めることができました。

保健の学習において**手洗い・うがい**の大切さを知ってから、**外遊び**から戻ってきたときや**給食**前には毎回、念入りに手洗い・うがいを励行する姿が見られました。

休み時間は、いつも元気に**外遊び**をしていました。外遊びによって丈夫で健康な体をつくることができたので、毎日休むことなく**登校**することができました。

クラス遊びが大好きで、クラスのみんなと毎日仲良く**外遊び**をして過ごしていました。さまざまな遊びを通して、体をいっぱい動かし、体力の向上を図ることができました。

体育の時間だけでなく、**休み時間**中も持久力をつけようと校庭を自主的に走っています。また、友達を誘って**鬼**ごっこをするなど、伸び伸びと毎日を過ごせています。

毎日の**外遊び**を通して、体力の向上を図ることができました。日々の運動の成果は**新体力テスト**でも表れました。これからも丈夫な体づくりを心掛けて生活できると良いです。

人の話は姿勢を正して聞く、**授業**が始まる前に学習用具をそろえるなどの基本的な生活習慣が身に付いています。規則正しい生活ができていることで、毎日健康に元気良く過ごせています。

休み時間には、友達を誘って**鬼ごっこ**やドッジボールをするなど、元気いっぱいに体を動かすことができました。自分からすすんで体力の向上に努めようとする姿が見られます。

暑い日も寒い日も外で元気良く**ドッジボール**をして遊んでいました。毎日太陽の光を浴びながら体を動かすことで、健康で丈夫な体をつくることができました。

給食は好き嫌いをせず、毎日しっかりと完食しています。バランスの良い食生活は○○さんの元気の源となっており、**休み時間**には友達と元気に遊ぶ姿が見られます。

外遊びから帰って来ると、**手洗い・うがい**を欠かさず行っています。自分が行うだけでなく、一緒に遊んでいた友達にも声掛けをしてくれるので、○○さんの周りはいつも健康です。

給食後の**歯磨き**を毎日欠かさず行っています。歯磨き体操のリズムに合わせて、前歯や磨きにくい奥歯までしっかり磨いているので、歯科検診では虫歯がゼロでした。

感染症に気を付けて、病気やけがをしないよう注意して学校生活を送っています。**休み時間**には**なわとび**や**鉄棒**に励むなど、自らすすんで運動する姿が、体力の向上に寄与しています。

給食は好き嫌いせずに毎日残さずよく噛んで食べています。**休み時間**は校庭に出て元気に体を動かしているので、風邪をひくことがほとんどありません。**手洗い・うがい**も忘れずに励行しています。

給食をほぼ毎日完食し、おかわりも積極的にしています。6時間目まで**授業**にしっかり集中できており、以前よりも気力も体力が充実している様子がうかがえます。

栄養教諭の食育の**授業**を受けてから、**給食**で苦手な野菜も残さず食べることができるようになりました。作っている人への感謝の気持ちとともに、自分の健康への意識をもてるようになりました。

休み時間に逆上がりの練習に取り組んでいました。手にまめをつくりながら、毎日補助板のある**鉄棒**に向かった努力が実り、自分の力でできたときのはじける笑顔が印象的でした。

朝マラソンに毎日欠かさず取り組んでいます。1日5周という自分で決めた目標に向かって継続できるのは立派です。気持ちの良い汗をかいて、健康的な学校生活を送ることができています。

○学期の**休み時間**は**一輪車**に夢中で、友達にコツを聞きながら毎日練習を重ねていました。努力が実り、一人で乗れるようになったときには、友達とうれしそうに報告しに来てくれました。

体育の「**跳び箱運動**」では、友達と協力してタブレット端末で動画を撮り合い、台上前転の動きを確認しました。ポイントを確認しながら練習をして、上手にできるようになりました。

登校するとすぐに身支度を整え、高学年よりも早く校庭に出て元気に体を動かしている姿が印象的です。これからも、何事においても毎日の積み重ねを大事にしていってほしいです。

給食の前や**掃除**の後に、必ず**手洗い・うがい**をして、健康を保つよう努めていました。**給食**も好き嫌いせずに残さず食べ、学期を通じて元気いっぱいに生活することができました。

休み時間に、なわとびの練習に励んだことで二重跳びだけでなく、あや二重跳びにも挑戦し、記録を伸ばすことができました。**朝マラソン**にも目標をもって取り組んでいます。

保健の学習で学んだことを実際の生活に生かそうと努めました。寒い中でも**外遊び**をすることで強い体がつくられることを学ぶと、意識して外で遊ぶよう努めていました。

朝の「ガンバリタイム」では、目標に向かってライバルの友達と競いながら、走力の向上に努めました。その成果が**持久走大会**でも持久力となって表れていました。

体育では、リーダーとしてチームのために作戦を考えたり、声を掛けたりすることができました。汗をかきながら動く姿はクラスの皆から称賛され、手本となりました。

朝ごはんや**給食**をしっかりと食べることで、体力がつきました。苦手な食べ物にもチャレンジするなど、健康な体づくりに気を付けて、病気にならないように過ごせた○学期でした。

手洗い・うがいの習慣が、しっかりと身に付いています。校庭から教室に帰ってきた際や**給食**準備の前には、友達に声を掛けて手洗い・うがいを行い、感染症対策に取り組むことができました。

天気の良い日の**休み時間**は、必ず外で遊んでいました。友達と**鬼ごっこ**やドッジボールをして、体をいっぱい使って遊べていました。日々、体力を付けて病気にならない体づくりができました。

暑い日も寒い日もクラスの友達と仲良く、元気に**外遊び**をすることができました。時には、担任にも声を掛けてくれ、一緒になって楽しむことができました。

休み時間になると**なわとび**を持って校庭に飛び出し、ジャンプ台の近くで練習している姿をよく見かけます。その結果、なわとび検定では○級を取ることができ、満足した表情を浮かべていました。

持久走大会に向けて、朝休みや20分休みには積極的に外へ出て練習に取り組んでいました。マラソンカードを4枚達成するなど目標に向かって日々頑張っていました。

朝の支度が終わると、友達と一緒に外へ行き、目いっぱい体を動かします。サッカーやドッジボール、**鬼ごっこ**とさまざまな遊びを通して体力を高めています。

（3）「自主・自律」を意識した行動ができる 児童の所見文

主な行動特性　目標を立てて活動／よく考えて行動／何事も主体的に取り組む／時間を意識して行動／計画を立てて実行／意欲的に自主学習／自分のことは自分でする／自分の役割を果たす／指示されずとも行動／最後まで粘り強く取り組む

学期の最初に立てた目標を意識して生活していました。特に学習面の目標を達成するために、**算数**の計算問題や**漢字**の練習に取り組み、素晴らしい成果を残すことができました。

授業開始のチャイムが鳴ると、真っ先に**学習の準備**をして授業の始まりを待つことができました。どんな場面でも行動開始が早く、授業に遅れたことがありません。

書写の時間にうっかり墨をこぼしてしまった際、そのままにせず、すぐに拭いてきれいにしていました。その後、教室の床の他に汚れている部分を見つけて**掃除**する姿に感心しました。

指示を待つのではなく、次にやらなければならないことを自主的に考えて行動できています。そのため、いつも行動開始が早く、時間に遅れることがほとんどありません。

どんなときも周りをよく見て、考えながら行動することができます。自分の役割を自覚し、取り組まなければならないことを見つけ、すすんで活動する姿が見られました。

時間を意識して行動していました。**休み時間**には次の活動場所への移動時間も考えながら、開始時刻に遅れることがないように時計を見ながら行動していました。

できないことがあっても、克服に向けて自ら計画を立てて実行しています。できなかった**鉄棒**の逆上がりも、１日１回は必ず練習をすると決めて実践し、できるようになりました。

活動に取り組むときには、話をよく聞き、よく考えてから取り組んでいます。活動中もその場その場で考えながら活動を進めているので、安心して見ていることができます。

漢字のテストに合格するという目標を立て、意欲的に**自主学習**に取り組みました。そうして合格した○○さんの姿を見て友達も学習するようになるなど、クラスの良い手本となりました。

学級会では、クラスのみんなが楽しめる遊びを理由とともに提案をしました。○○さんのしっかりとした考えに学級のみんなも賛同し、**お楽しみ会**では楽しく遊ぶことができました。

「自分でできることは自分でやる」と決め、行動する姿は立派です。自分の身の回りのことだけでなく、周りの友達が困っているときに助けてあげる姿も見られ、感心しました。

３年生になり、**リコーダー**や**習字**、**理科**や**社会**など初めての体験がたくさんありましたが、どんなことにも前向きに取り組むことができました。何事にも果敢にチャレンジする力が育っています。

感染症に気を付け、窓開けをこまめにしようと自分で考え、気持ち良く行動することができています。時間を守ることについては、自分だけでなく、他の友達にも積極的に声掛けをしていました。

学級の**お楽しみ会**では、司会に立候補し、本番でもスムーズに進行することができました。事前に自分の台詞を紙に書いて、何度も練習した成果が表れたようです。

黒板係として、**授業**が終わった後は必ず黒板をきれいに消すことができています。チョークもきれいにそろえてくれるなど、自分の役割をしっかりこなし、学級に貢献することができています。

漢字50問テストに向けて、自分でどの字をどのくらい練習するかを考えて準備することができました。家庭学習を含め、計画通り進められたのは立派です。満点を取り、うれしそうでした。

どの教科も意欲的に取り組み、課題を最後まで粘り強くやり遂げることができました。努力を重ねれば、必ず成果につながっていくことを実感できている様子がうかがえます。

常に先を見通し、やるべきことを自分が理解するだけでなく、学級全体にも伝えてくれました。**給食**の配膳後には片付けの準備を進めるなど、学級を支え続けてくれました。

本が大好きで、すすんで**読書**に親しんでいます。学級文庫でも図書室でも、斜めや横に置いてある本をさり気なく**整理**している姿をよく見かけます。誰に指示されずとも行動できる姿に感心します。

クラスで行う**レクリエーション活動**では、あらかじめみんなで決めたルールの中で活動する姿が見られました。より良く活動できるようにルールを考え、みんなで守ることもできました。

運動会では「かっこいいエイサーを踊りたい」という目標をもち、熱心に練習に取り組みました。**休み時間**も使って練習し、分からないところを友達と確認したことで、できるようになりました。

学習面でも運動面でも「目標に向けて頑張ろう」という気持ちが行動などに表れるようになってきました。**給食当番**の仕事にもすぐに取り組み、必ず最後までやり遂げる姿が見られます。

電車で**遠足**に行ったとき、混んできたときにすかさずお年寄りに席を譲ったり、静かに過ごそうと声を掛けたりする姿が見られました。正しいことを勇気をもって行動に移せます。

学級会などでは、自分の意見をはっきりと述べることができました。友達と意見が違ったときも、その友達の良さを見つけようとするなど、柔軟性があるところも見せてくれました。

算数の「まるい形をしらべよう」では、**コンパス**の学習を行いました。スムーズに回転させるためのコツがつかめるようになるまで努力するなど、最後まで粘り強く取り組むことができました。

学校や家で何回も練習を繰り返してきた**書き初め**で、選手に選ばれたときのうれしそうな表情が印象的です。練習の大切さに気付き、他の教科の学習に今まで以上に主体的に取り組めています。

教室移動の際、並んで静かに廊下を歩くなど、他の学級を意識した行動ができていました。時間の考え方に対して自分なりに守ろうとする姿勢が見られるなどとても立派でした。

どんな場面でも、自分の考えを堂々と周囲に伝えることができました。正しいと思ったことは周りに流されることなく、自分の信念を貫いて、最後までやり遂げることができました。

「やさしくなかのよい3年○組」という学級目標を意識し、自分からすすんで友達に声を掛けたり、友達同士のけんかの仲裁に入ったりして、目標達成に向けて行動することができました。

忘れ物をしないように、連絡帳に用意の終わったものから丸をつけるなど自己管理を工夫する姿勢は、今後の自立につながる素晴らしい行動です。学級全体に良い影響を与えてくれています。

休み時間に友達と楽しく遊んでいても、チャイム前**着席**を心掛け、友達への声掛けもしてくれます。○○さんのおかげで、**授業**が時間通り始められるようになりました。

飾り係として積極的にクラスが明るくなる飾りを考えて作り、「飾ってもいいですか?」と声を掛けてくれました。自分の役割を果たそうとする姿勢が素晴らしいです。

朝の支度をするときに、その日の時間割を確認しながら、使う順番に並べています。一日の流れを意識して、自分が過ごしやすいように工夫をしていて、周囲の模範となっています。

何事にも自分の目標をしっかりと設定し、最後まで粘り強く取り組むことができました。**運動会**でも、優勝するために自分に何ができるか考えて、主体的に行動することができました。

（4）「責任感」を伴った行動ができる児童の所見文

主な
行動特性

毎日の仕事を着実に実施／自分の意思で行動／クラスに貢献しようとする意識／徹底した仕事ぶり／クラス全体に声掛け／どんな仕事も丁寧／仕事を最後までやり遂げる／黙々と行動／目立たないことも手を抜かない

町たんけんの班のリーダーとして、同じ班の招集や水飲みの声掛けなど、細かい部分まで気付いて行動する姿に○○さんのリーダーとしての素質を感じることができました。

係のリーダーとして、毎日の活動を着実に行うことができています。3年生になり、友達と協力してクラスのために貢献しようとする自覚や責任感がこれまで以上に伝わってきます。

体育係として活躍しました。学習の準備や片付け、号令、整列など気付いたことをすすんで行い、とても頼もしく思います。○○さんの仕事ぶりは、どんなことも任せられる安心感があります。

生き物係として、モンシロチョウの幼虫のお世話を毎日責任をもって欠かさず行っていました。サナギが成虫になったときは、とてもうれしそうに報告してくれました。

掃除で黒板担当のときは、黒板消しを何度も入念にクリーナーにかけ、黒板にも黒板の溝にもチョークの粉が全くない状態にしてくれます。徹底した仕事ぶりは、クラスの良き手本になっています。

自分の係である配り物係の仕事を毎日丁寧にこなしていく姿に、責任感の強さを感じました。誰かに言われてからではなく、自分の意思で仕事をやり遂げたことは大きな自信になったことでしょう。

正しい判断ができるだけでなく、クラス全体に声を掛けるなど行動に移すこともでき、周りからも信頼されています。代表委員として、学校のための仕事をやり遂げることができました。

図書室から借りた本は、返却期限をしっかりと覚えており、忘れずに返却しようとする姿が見られました。図書委員の６年生からも褒められたとうれしそうに報告してくれました。

普段の**係活動**や**当番**の働きぶりから、どんな仕事も安心して任せられます。**保健当番**としても、校庭で**体育朝会**がある日は健康観察簿と鉛筆を持って来てくれました。

自分の仕事に責任をもち、すすんで働く姿はクラスの手本となりました。自分のことがきちんとできるだけでなく、誰よりも早く配り物に気が付き、すぐさま行動に移す姿に感心しています。

係活動や**当番**の仕事をすすんで行うことができました。自分の仕事でなくとも配り物をしたり、図工室を使った後の**掃除**をしたりと、みんなのために働くこともできました。

日直として仕事をする○○さんは、一つ一つの仕事を確実に、そして丁寧にやり遂げます。まさに学級の手本で、責任感のある行動が友達からも信頼されている理由です。

日直の日は必ず最後まで残り、窓を締めたり机を整えたりしました。日直以外の日も、**係活動**など任された仕事は最後までしっかりとやり遂げる姿に感心しました。

給食当番になった際には、誰よりも早く**手洗い・うがい・消毒**をし、給食着を着て配膳の準備を始めます。クラスの友達のために与えられた仕事に責任感をもって取り組むことができます。

下学年とのふれあい**集会**では、自分の役割である担当の下級生たちのお世話をしました。最後まで下級生のことを思いやり、相手のペースに合わせて務めることができました。

当番の仕事である黒板消しを誰に言われることなく、自分から黙々と一生懸命に行っていました。目立たないことでも手を抜かずに行えるところが○○さんの素晴らしいところです。

（5）「創意工夫」を凝らした活動ができる 児童の所見文

主な行動特性

自らのアイデアを提案／係活動を工夫／アイデアが独創的／みんなが快適に過ごせるよう工夫／友達を楽しませる／掲示物を工夫／掃除のやり方を工夫／作品が独創的／クラスを盛り上げようと工夫

タブレット端末を活用して、**総合的な学習の時間**でお茶についてスライドでまとめました。見学で撮った写真を挿入したり、文字の大きさを工夫したり、見やすくまとめてクラスの手本となりました。

○組の「なかよしタイム」は、○○さんの提案で始まりました。今では、学級の大切な時間となっています。友達が気付かないような視点からの意見は、全体のステップアップにつながっています。

どの教科の学習も自分でよく考え、課題意識をもって取り組むことができました。**算数**では「速く、簡単、正確に」を意識して、面積の求め方などを考えることができました。

新聞係として、誰が見ても面白く、楽しいと感じるような新聞を工夫しながら作成しています。タブレット端末も活用し、写真で分かりやすく伝えたいと考え、創意工夫をする姿勢が立派です。

よりよい学級を作るために積極的に行動する姿に感心しました。ただ楽しいだけでなく、良いクラスにするために**学級会**の議題を提案することができました。

ごみ箱に、分別に関する分かりやすい絵を貼ったり、水道の蛇口を下に向けるよう**ポスター**を描いたり、みんなが気持ち良く学校生活を送れるよう、より良い方法を考えて実行することができました。

朝活動の当番として、**放課後帰る前に**、翌日の朝の予定を忘れずに書くことができました。朝になって慌てないように前日から準備を行い、友達にも感謝されていました。

学級に新しい「○○係」を提案し、クラスがより楽しくなる活動をしてくれました。独創的でユーモアのあるアイデアの数々は、クラスの中でも評判になっています。

係活動では、**新聞係**として友達にアンケートをとったり**インタビュー**をしたりして、掲示していました。掲示物もカラフルに描き、**教室を華やか**にしてくれました。

「学級の全員で遊べる遊びがしたい」と、**学級活動**の時間に提案をしました。みんなが楽しめるような遊びをたくさん思いつき、それを発表することができました。

工作係として、みんなで遊べるこまやけん玉を作って楽しませてくれました。オリンピック集会では、聖火台の作成担当になり、多くのアイデアを出してクラスに貢献しました。

よく考え、工夫しながら活動できます。**係活動**では「**賞状係**」の中心となり、クラスのみんながより良く生活できるように友達の良いところを見つけて表彰していました。

係活動では決められた仕事だけでなく、学級をより楽しくするための活動をタブレット端末で調べていました。新しい取り組みの提案も、プレゼンテーションを作って伝えることができました。

グループでの作品づくりでは、いつも自分で考えたオリジナルのアイデアを提案しました。プロジェクターを使用し、考えたことを分かりやすくプレゼンテーションすることができました。

係活動では、**ポスター・新聞係**として、デジタル新聞を毎月1枚ずつ発行しました。友達にアンケートを取り、ランキング形式で発表するなどしてクラスの雰囲気を盛り上げてくれました。

掃除当番でぞうきん掛けを行っていた際、ほうきでの**掃除**が終わった部分から拭き始めたり、ぞうきん掛けが終わった部分から机を運んだりと、要領良くてきぱきと作業していました。

（6）「思いやり・協力」の姿勢がある児童の所見文

主な行動特性

誰に対しても優しい／困っている友達に声掛け／穏やか／男女関係なく慕われている／失敗した友達を励ます／協調性がある／順番を守れる／低学年に親切／いつも笑顔／周囲の状況を考えて行動／面倒見が良い／友達の話をよく聞く

誰に対しても優しく接し、助け合うことができるので、○○さんの周囲にはいつもたくさんの友達がいます。○○さんと一緒に過ごすと、みんな笑顔になります。

授業で3人組を作るときは、いつも一人でいる子に自分から声を掛け、グループに入れてあげていました。友達のために、優しさに満ちた行動が目立ちます。

友達に優しく接し、仲良く過ごすことができました。友達が困っているときにはすぐに声を掛けてくれました。そんな○○さんの行動にいつも感心させられています。

いつも友達と協力しながら物事に取り組むことができます。**係活動や当番活動**ではたくさんの友達と協力し、声を掛け合いながら活動に取り組むことができました。

誰に対しても優しく、穏やかな人柄に好感がもててます。みんなも○○さんを信頼し、一目置かれています。○○さんのおかげで学級に助け合う雰囲気が生まれました。

具合の悪そうな友達に声を掛け、**給食当番**を代わりに引き受けていました。また、けがをした友達のために、**掃除の場所**を代わってあげるなど、優しさに満ちた行動が印象的です。

転んだ友達に「大丈夫？」と優しく声を掛け、保健室に付き添ってあげていました。誰に対しても優しく接することができ、男女関係なくたくさんの友達から慕われています。

けがをした友達に声を掛け、荷物を代わりに持ってあげる姿を目にしました。また、廊下で困っていた下級生に声を掛けて優しく教えてあげるなど、思いやりのある行動ができています。

みんなで協力してやることを楽しんで行うことができています。けがをした人がいたときは声を掛け、保健室に連れて行ってくれただけでなく、その後も心配して優しく声を掛けていました。

○○祭りの**グループ活動**では、みんなで相談して、力を合わせて上手にやり遂げることができました。活動を進めるごとに、協調性が身に付いてきていることを実感します。

運動会の練習中に転んでしまった友達のところに素早く駆け寄り、優しく声を掛けていた姿が印象的でした。いつも優しい○○さんは、学級のみんなからも慕われています。

保健係として、友達がけがをしたときなどは声を掛け、保健室に連れて行ってあげる姿が見られました。いつも優しい○○さんは、学級のみんなからも慕われています。

友達が失敗をしてしまったときには、優しく励ます姿が見られました。そのため、逆に○○さんが**鉄棒**がうまくできなくて頑張っていると、励ましの声がたくさん掛けられていました。

鼻血を出した友達に気付き、素早くティッシュを差し出していました。また、その後も友達の様子を心配して優しく声を掛け、友達から感謝の気持ちを伝えられていました。

掃除の時間に机を運んだり、隅々を掃除したりしている友達をすすんで手伝ったりしています。協力し合いながら気持ち良く生活しようとする気持ちが感じられます。

学級全体に時間を守るよう声掛けをすることができています。中学年になり、集団として生活することの自覚をもち、相手に思いやりをもって接することができています。

学級会や話し合いの際、相手の気持ちや立場を考えた発言ができて感心します。○○さんの発言により、建設的で前向きな話し合いになることが多く、みんなの手本になっています。

いつも明るく朗らかな笑顔で、周りのことを考えることができます。友達の頑張りや優しさにも目を向け、それを帰りの会で発表するなど、思いやりの心があります。

誰に対しても分け隔てなく笑顔で親切に接し、仲良くすることができます。困っている子には、自らすすんで声を掛け、その姿に友達からも厚い信頼を集めていました。

運動会では応援団としてリーダーシップを発揮しました。みんなが歌やダンスを覚えられるよう、率先して元気な声を出したり、休み時間も友達を誘って練習したりするなど頼もしい限りです。

穏やかで男女分け隔てなく、優しく接する姿が印象的です。レク係としてリーダーシップをとり、学級の時間の遊びを計画してクラスのみんなを楽しませてくれました。

人気の遊具で遊ぶ際にも、順番や回数をきちんと守ることができていて感心します。使い方の分からない低学年の子にも気付いて、教えることが自然とできる優しさを備えています。

体育の「タグラグビー」では、ボールの投げ方やボールを持ったときの動き方を友達に優しく教え、仲間が上達する助けとなりました。試合では「ドンマイ！」と声掛けをする姿が見られました。

物事によく気が付き、周りがよく見えているので、友達の変化に気付いてあげることができました。その際、友達の話をじっくり聞いてあげる姿が見られました。

社会科の「わたしたちのくらしと商店」ではタブレット端末を活用し、友達と協力して意見を交流して、デジタル模造紙に導き出した考えを書き込んでいました。

とても優しい性格で、面倒見が良く、いろいろなことに気付くため、自然と友達に手を差し伸べることができました。友達もその優しい姿勢を手本にしていました。

プリントを配布している際、最後の友達までプリントが行き届かないことが分かると、自分のプリントを友達に渡して先生の元に「1枚足りません」と言いに来るなどの行動が見られました。

困っている友達や下級生を放っておかずに、優しく声を掛けることができました。その思いやりの心が多くの人に伝わり、○○さんの周りはいつも温かい空気に包まれています。

○○さんのいる班はいつも仲良く話し合いなどの活動ができます。**グループ活動**が円滑に進むようにと、相手の気持ちを尊重して優しく接している姿は大変立派でした。

男女分け隔てなく公平に接しているので、友達から信頼されています。そのため、○○さんが**リーダー**として学級に何かを提案すると、みんながすすんで協力してくれます。

友達が欠席した際、オンライン授業用のタブレット端末を特別教室へ持って行き、つないでくれます。休んでいる友達のことまで気を遣ってあげられる優しさの持ち主です。

友達がけがをしたときだけでなく、「元気がない」「悲しいことがあった」など小さな変化にもすぐに気付き、手を差し伸べることができます。優しさが行動に表れています。

友達の話をよく聞いてリーダーシップを発揮するので、学級のみんなから信頼されています。誰にでも、思いやりの心をもって親切に接するので、みんなが協力してくれます。

休み時間は、グラウンドボールゲームを楽しみ、**給食**中は友達と楽しい話題で盛り上がっています。誰とでも仲良く活動する姿が学期を通して見られました。

（7）「生命尊重・自然愛護」の心がある 児童の所見文

主な行動特性 虫を大切に育てる／植物の成長に気付く／欠かさず水やり／植物が大好き／生き物係として活動／植物の成長を熱心に観察

もらってきたヤゴを「すごい！大きい！」と言って一生懸命育てていました。ヤゴの飼い方や食べるものをタブレット端末で自分で調べて、クラスのみんなに分かりやすく紹介していました。

教室の金魚の世話を欠かさず行ってくれます。家で飼っているカメやドジョウの話を**朝の会**の**スピーチ**で大きな声で発表しました。**生き物**を大切にする心が育っています。

理科の「チョウの育ち方」では、２年生のときに植えたキャベツにいるモンシロチョウの幼虫を採取してきて、友達と協力して虫かごで大切に育てることができました。

アゲハチョウが学校の夏みかんの木に卵を産んでいるのに気付き、その卵が幼虫になり、さなぎになっていく様子を静かに見守りながら、タブレット端末を活用して観察記録を取っていました。

身近にいるトンボやバッタなどの**生き物**を捕まえてきては、熱心に世話をして、よく**観察**をしています。周りの友達に気付いたことを楽しそうに教える姿が見受けられました。

虫にとても興味をもつことができました。校庭にいるバッタを捕まえて、虫カゴで一生懸命育てていました。食べ物について自分で図鑑で調べ、友達に紹介することができました。

３年生で育てているヒマワリやオクラの世話を一生懸命してくれています。成長の様子を定期的に新聞にまとめ、クラスのみんなに紹介することができました。

（8）「勤労・奉仕」の精神がある児童の所見文

主な行動特性

仕事が丁寧／手伝いをしてくれる／みんなの役に立とうとする／労を惜しまない／皆がやりたがらない仕事をする／何事も最後までやり遂げる／友達の仕事を手伝う／落とし物を友達に届ける

教室の**掃除**では、教室の戸のレール、黒板の下などの細かなところも入念に掃除をしてくれています。仕事がとても丁寧で、他の子どもたちの良き手本となっています。

何事にもよく気付き、自分からすすんで**給食当番**や**学習係**の仕事に取り組んでいます。自分の仕事が終わった後、友達の仕事を手伝う姿が何度も見られました。

タブレット端末を使うときは、いつも配るのを手伝ってくれます。しまうときも充電がしっかりできているかを1台ずつ確認してくれるので、とても助かっています。

教師が子どもたちの作品を掲示板に貼っていると、いつも手伝ってくれます。少しでもみんなの役に立とうとする態度は立派で、クラスの模範となっています。

自分からよく気が付いて、教室の片付けを行ってくれます。労を惜しまず仕事をする姿はとても素晴らしく、好感がもてます。そのため、たくさんの友達から信頼されています。

いつも明るく、自分からすすんで物事に取り組むことができるのが○○さんの良さです。**新聞係**では班のリーダーを務め、クラスのニュースを積極的に探し、記事を書いてみんなに紹介しました。

配り物係の仕事を一人になっても最後までやり通す強い責任感をもっています。○○さんを見習おうとする友達もいて、周りの子どもたちに大変良い影響を与えています。

学級の学習園で育てているホウセンカやヒマワリに**水やり**をしたり、雑草を抜いたりしてよく世話をしてくれました。時々、生育状況を学級のみんなに知らせてくれました。

クラスのことに真っ先に気付き、率先して行動しています。クラスで決めたタブレット端末の使い方について、分かりやすい**ポスター**を作って教室に掲示してくれました。

細かいところによく気が付き、**お楽しみ会**の片付けでは、散らかっている場所を黙々と掃除してくれました。その姿は**帰りの会**で友達から紹介され、大きな拍手をもらうことができました。

授業で使った道具や**掃除**用具を、自分の物だけでなく他の友達の分まで自分から気が付いて片付けをするなど、労を惜しまずに仕事をします。そのため、周りの友達からとても信頼されています。

教室の**掃除**では子どもたちがやりたがらない机と椅子を運ぶ仕事でも、自分からすすんで黙々とやってくれます。その姿が、周囲の友達にも良い影響を与えています。

何事にも自分から率先して行うことができます。他の友達が二の足を踏むような仕事にも張り切って取り組む○○さんの姿勢には、本当に頭が下がります。今後も続けてくれることを期待します。

掃除の時間では、誰よりも早く取り掛かり、教室の隅々まできれいにすることができました。みんなが見ていないときでも力を発揮しようとするその姿は、クラスの模範になっています。

落とし物を自分ですすんで拾い、友達に届ける姿は立派です。周りの役に立とうする態度が身に付いてます。その心遣いをいつまでももち続けてほしいと思います。

笑顔で何でも積極的に取り組むことができました。やり始めると必ず最後まで取り組む姿勢は、クラスのみんなからも認められ、たくさんの友達が頼りにしています。

（9）「公正・公平」を意識した行動ができる児童の所見文

主な行動特性

仕事を公平に分担／素直に謝れる／正しい判断力がある／友達のトラブルに自分から仲裁／人の考えに左右されない／困っている友達への声掛け

心優しい性格で、クラスのみんなに好かれています。縦割り活動では、小さな子たちもゲームに参加できるように、「一緒に遊ぼう」と笑顔で声を掛ける姿が見られました。

授業中に困っている子がいると必ず話し掛け、一緒に考えてあげたりする姿が見られました。その優しさのおかげで、クラスはいつも温かい雰囲気に包まれています。

いつも冷静に物事を判断して、落ち着いた態度で行動することができます。人の過ちを穏やかに指摘し、自分の過ちを正直に認めて謝ることもできるので、学級のみんなから信頼されています。

誰とでも仲良く遊び、生活グループでも楽しそうに活動しています。良くないこと、正しくないことには、はっきりと注意したり断ったりすることができるなど、正しい判断力の持ち主です。

体育の時間では、順番を譲ってあげる等、友達思いの一面が多々見られました。○○さんの優しさはクラス中に浸透しており、みんな○○さんのことが大好きです。

友達に誘われても、嫌なことは嫌とはっきり言うことができます。人の考えに左右されず、正しいことをしようとする態度は立派ですので、これからも続けてほしいと思います。

学校や学級のルールをよく守り、善悪を考えた行動ができています。グループ内での学習、**給食**、**掃除**などの役割を一人一人に公平に分担して、助け合って生活しています。

(10) 「公共心・公徳心」を大切にしている児童の所見文

主な
行動特性

クラスのルールを守る／クラスの掃除用具を整理／みんなのために行動する意識がある／マナーを守って校外学習／率先して教室の美化に貢献／学校・学級の決まりを守る

担任や友達の話をよく聞き、何事も着実に行うことができます。クラスで決めたタブレット端末のルールもきちんと守って使うことができました。クラスのお手本になっています。

掃除終了のときに掃除用具が乱雑になっていると、「みんなが使う用具だから。次に使うとき困るよ」と言い、すぐに**整理**してくれました。みんなのことを考えて行動するところに感心しています。

お店の見学では、交通規則をよく守り、落ち着いて行動することができました。お店の中でも他のお客さんの迷惑にならないよう静かに見学するなど、随所に成長を感じました。

いつもメリハリをつけて生活しています。**授業**と**休み時間**のけじめをしっかりとつけ、チャイムが鳴る前に全て**授業の準備**を終わらせている姿はとても素晴らしいと思います。

社会科の**校外学習**で地域のスーパーマーケットを見学した際、お店の方々にしっかりとあいさつし、「大きな声を出さない。走らない」などお客さんの迷惑にならないよう見学できました。

朝、教室に入ると、すすんで窓を開けたり教室全体の机をきちんと並べたりする姿をよく見かけます。また、床に友達の持ち物が落ちていたりすると、持ち主に親切に渡す優しさがあります。

階段掃除当番の仕事に、熱心に取り組んでいます。「階段はみんなが利用するところだから」と言うなど、みんなのために働くことの大切さをよく理解しています。

（1）「基本的な生活習慣」が身に付いていない児童の所見文

チャイムの合図で気持ちを切り替えて、**外遊びを終わりにして席に着け**るようになってきました。話をよく聞いて発表する回数が増え、学習課題に集中できるようになってきています。

忘れ物をする日が続き、学習に集中できないこともありました。予定帳をよく見てしっかり準備するよう声掛けをしているので、ご家庭でも様子を見ていただければと思います。

大きな声で**あいさつ**をするのを恥ずかしがっていましたが、少しずつ笑顔でできるようになってきました。毎朝、他の先生や友達にもあいさつできるようになり、とてもうれしそうです。

職員室に入るとき、当初は**あいさつ**がなかなか言えなかったのですが、今では、自分の名前と用件をはっきりとした声で、しっかりとした態度で言えるようになってきました。

当初は**登校**してすぐに自分の荷物を**整理**できませんでしたが、今ではすぐに机の中やロッカーを**整理整頓**することができています。提出物もしっかりと出せるようになってきました。

チャイムが鳴っても席に着けないことが時々ありましたが、今では**外遊び**をしていても、時計を見てチャイムが鳴る前に戻ってくるなど、見通しを持って行動できるようになってきました。

あいさつや返事について話をしたところ、より良いあいさつや返事についてよく考えていました。今は元気なあいさつや返事を意識して生活することができるようになりました。

身の回りの**整理整頓**に課題がありましたが、徐々に改善が見られてきました。物を大切にしようという気持ちが育ってきています。今後も継続していけるよう声を掛けていきます。

最初の頃は忘れ物が目立ちましたが、毎日一緒に確認することで少し改善することができました。今後もご家庭と協力しながら本人の成長を見守っていきたいと思います。

授業中、時々居眠りをしてしまうことがありましたが、逐一声を掛け、励ますことでその機会も減ってきました。また、ご家庭の協力もあり、大変助かりました。今後も一緒に支えていきましょう。

「ごめんなさい」が言えず、友達とトラブルになることもありましたが、今では謝ることの大切さを感じてくれたようです。今後も友達と仲良く過ごせるようにサポートを続けていきます。

2 「ネガティブな行動特性」に関わる文例
（2）「健康・体力の向上」において課題がある児童の所見文

休み時間は当初、教室で過ごすことが多かったのですが、友達に誘われて外に行く機会が増えてきました。これを機に、積極的に外遊びに参加できるよう支援していきたいと思います。

外遊びから帰ってきたとき、手洗い・うがいをする習慣が付いてきました。今では活動のたびごとに必ず手洗い・うがい・消毒を励行し、健康を意識した学校生活を送れています。

なわとびに苦手意識があってすすんで取り組むことが難しいようでしたが、友達と一緒に取り組むことで少しずつ楽しさを感じてくれたようです。今後も声を掛けていきたいと思います。

以前はハンカチやティッシュを持っていないことがありましたが、今では毎日忘れずに持っていて、トイレに行った時や給食時には、せっけんでよく手を洗い、ハンカチでしっかり拭いています。

給食の後に行っている歯磨きを時々やらないことがありましたが、今では音楽に合わせて、歯ブラシを上手に使いながら歯磨きがしっかりとできるようになりました。

休み時間は教室で友達と遊んで過ごすことが多かったですが、最近は**外遊び**を楽しむ姿が見られるようになってきました。外で元気良く遊ぶことの楽しさに気付いてきたようです。

外遊びがあまり好きではないようでしたが、友達に誘われて外に行く機会が増えてきました。これをきっかけにして、積極的に外遊びに参加できるようになってほしいです。

外遊びがあまり好きではないようでしたが、**体育の授業**をきっかけに**休み時間に外遊びをする**ようになりました。これからも継続していけるよう声を掛けていきます。

体育の時間、動きが分からずにふざけてしまう場面もありましたが、じっくりと取り組ませることにより、少しずつですがやる気を見せてくれるようになりました。今後も声掛けを重ねていきます。

外遊びをためらうときもありましたが、友達と一緒に遊ぶことによって、その楽しさが分かってくれたようです。今後も活発に生き生きと生活できるように励ましていきたいと思います。

運動することを苦手だと感じていたこともあったのですが、**体育の時間**を通して、体を動かす楽しさを感じてくれたようです。今後もその楽しさがどんどん広がるように支援していきます。

2 「ネガティブな行動特性」に関わる文例
（3）「自主・自律」を意識した行動ができない児童の所見文

当初、自分一人ではあまり意欲的に活動ができませんでしたが、友達が活動を始めると歩調を合わせる形で取り組み、周囲と協力しながら物事を進めることができるようになってきました。

4月当初は消しゴムを忘れて友達に借りることなどがありましたが、次第に友達が困ることに気付き、最近は借りることが減りました。次学期は忘れずに持って来られるよう声を掛けていきます。

忘れ物が目立ち、**宿題**を行わずそのままにしてしまうことがありましたが、少しずつ自主的に取り組めるようになってきました。学期の後半は、忘れることがほとんどありませんでした。

休み時間には誰よりも早く校庭に遊びに行く○○さんですが、次の授業の準備を忘れてしまうことがありました。**体育**の準備を手伝う様子を認めたことで他教科の準備も行えるようになっていました。

自分の物への執着があまりなく落とし物をそのままにしてしまうことも多かったですが、大切にしていた消しゴムがなくなったときから、物を大切にする気持ちが高まってきました。

2 「ネガティブな行動特性」に関わる文例
（4）「責任感」を伴った行動ができない児童の所見文

一時期は学級での**当番活動**を忘れることもありましたが、少しずつそうしたこともなくなり、担任から指示をされなくても自分から仕事を行えるようになっていきました。

今学期、班の**掃除リーダー**になりました。最初の頃は遊んでしまう姿も見られましたが、同じ班のメンバーと協力しながら、少しづつリーダーらしい行動が取れるようになりました。

学級での**係活動**では、自分が担当する活動を忘れてしまうことがありましたが、「学級の友達のために」との自覚が少しずつ芽生えるようになり、責任をもって取り組めるようになりました。

友達との約束を度々忘れてしまうこともありましたが、そのことを友達に指摘されてからは、約束をしっかり守ろうとする態度が見られるようになってきました。

読書が大好きな○○さん。図書室で借りた本の返却が遅くなってしまったことがありましたが、図書室の先生に謝りに行ってからは、忘れないように気を付けている姿が見られるようになりました。

（5）「創意工夫」を凝らした活動ができない児童の所見文

当初は課題を最後までやり通すことができずにいましたが、タブレット端末を活用することでやり抜く力が付きました。**算数の課題を最後まで**やり通せたことで、大きな自信を得ました。

タブレット端末での発表やまとめに興味をもち始めました。写真を使って分かりやすくまとめている友達と同じグループになって、自分もやってみたいとの気持ちを強くもち、工夫しました。

新たなものの見方や考え方を、少しずつ自分の中に取り入れられるようになってきました。多様な見方・考え方に触れる経験を通じ、そうした資質を伸ばせていけるよう支援していきます。

作業のスピードばかりを考えていた時期もありましたが、友達の面白い工夫に触れ、意識が変わりました。今では、時間いっぱいまで何か工夫をできないかと考えている姿が見られます。

「**総合的な学習の時間**」の中間発表で、写真やグラフを使ったグループの発表を見てから意識に変化が見られました。挿絵や実物を用意するなど、聞き手を意識した工夫を凝らした発表ができました。

（6）「思いやり・協力」の姿勢がない児童の所見文

レク係として、毎週楽しいレクを企画してくれました。友達と話し合うときやレクをしているとき、相手の立場になって考えることができるようになり、大きな成長を感じられます。

多様な経験を通して、ルールや決まり事の意味を少しずつ理解できるようになってきました。友達と触れ合うことで自分自身の行動を見つめ直し、変化する力が備わることを期待しています。

道徳科の学習の振り返りで、「自分がされて嫌なことは人にもしない」とノートに書き、友達と意見交換をすることができました。これからもその気持ちを大切にしてくれるよう働き掛けていきます。

いつもクラスのレクを楽しみにしています。勝敗への思いが強く、時々熱くなってしまうこともありましたが、公平に冷静に話し合うことができるようになるなど、日々成長を感じます。

班の友達に得意な算数を教えて「ありがとう」と言われてから、周りに困っている人はいないか意識し、すすんで手助けできるようになりました。そうした言動が、クラスに良い影響を与えています。

2 「ネガティブな行動特性」に関わる文例
（7）「生命尊重・自然愛護」の心がない 児童の所見文

チョウの幼虫を教室で育てることになりましたが、当初は虫が苦手で世話をすることができませんでした。見事に成虫になったチョウを見たことで、虫の世話を手伝う姿が見られるようになりました。

ホウセンカの成長をタブレット端末で記録する活動を通じ、水やりなど世話をすることの大切さに気付きました。写真を比べてホウセンカの成長をまとめることができました。

季節の植物や生き物を探す活動を通して、身近な生き物に興味を示すようになりました。休み時間にも生き物を探して、教室で飼育して世話をすることができました。

飼育委員会のイベントに参加しないなど、当初は動物への興味がさほどない様子でしたが、新しく飼育することになったウサギに興味を示し、毎日欠かさず見に行っていました。

当初は動物や植物にあまり興味がなさそうな様子でしたが、秋になって紅葉が見られる時期になると、葉の色の変化に興味をもち、その美しさに感動している姿が見られました。

（8）「勤労・奉仕」の精神がない児童の所見文

学級生活は一人一人の力で成り立っていることに気付き、自分に何ができるかを考えるようになってきました。自分の行動を振り返り、「当番を頑張る」という目標を立てていました。

掃除場所の確認や当番の際に声を掛けたことで、やるべきことができるようになってきています。「きれいになると気持ちいいね」と掃除をする意義を感じていました。

掃除や当番活動は、学級の皆が気持ち良く生活するためにあることをその都度伝えたことで、前向きに取り組むことができるようになりました。すすんで友達の手伝いをする姿に感心しました。

掃除の時間では、ふざけることがたびたびありましたが、上級生が真剣に掃除する姿を見て意識が変わりました。現在は、誰も見ていなくても真面目に掃除することができます。

班の給食リーダーになったものの、当初はうまく指示が出せず、時間がかかっていました。仲間と協力することの大切さを知ったことで、準備から片付けまでがスムーズになりました。

（9）「公正・公平」を意識した行動ができない児童の所見文

最初はタブレット端末を学習に関係のないことに使ってしまうことがありましたが、指導を重ねていくうちにルールを守って使うことができるようになってきました。

ペアで活動をする際、いつも同じ友達と組んでしまうことが多く見られました。いつもと違う友達と関わることで、新たな発見があることを伝え、自分から声を掛けられるよう支援しています。

いけないことでも仲の良い子がやっていると、一緒になって手を出してしまっている場面を何度か見ました。自分の力で、善悪を判断できるように声を掛けていきます。

休み時間、ドッジボールに熱くなり、勝ちにこだわってしまったためにルールを破ってしまうことありましたが、友達の言葉を受けて正々堂々と戦うことの大切さを学習していました。

友達との話し合いの中で、「誰が言ったか」にこだわってしまうことが何度かありましたが、最近では、話の内容に着目しながら問題を解決できるようになってきました。

2 「ネガティブな行動特性」に関わる文例
(10) 「公共心・公徳心」を大切にしていない児童の所見文

決まりを守ることで、みんなが気持ち良く生活することができることに気付きました。そのため、友達とのけんかやトラブルも減り、仲良く過ごすことができるようになってきました。

休み時間になると教室から駆け出してしまうことがありましたが、友達がけがをしてしまう危険性を理解することができてからは、少しずつ落ち着いて校庭に向かえるようになりました。

学校の決まりを意識して生活することができるようになりました。決まり事を守らないとみんなに迷惑をかけてしまうことがあるということに気付けたのは大きな成長です。

みんなで遊ぶときに自分勝手な気持ちからルールを守れずに揉めてしまうことがありましたが、仲良く遊ぶことで友達も増え、さらに楽しくなるということも学び、ルールも守れるようになってきました。

理科の観察を行っているとき、最初は道具の大切さを理解するのが難しかったようです。みんなが大切に道具を戻している姿を見て、自分も道具を大切にしようという気持ちが芽生えました。

（1）**国語に関わる**所見文

◆「知識・技能」に関わる文例

特性キーワード 修飾・被修飾の関係が分かる／辞書を使える／接続助詞を理解／漢字が得意／字がきれい／短歌・俳句の音読・暗唱ができる／漢字の音訓を理解

教材「『じこしょうかいビンゴゲーム』をしよう」では、言葉には考えたことや思ったことを表す働きがあることに気付くことができました。また、言葉の組み立てを考えて話すこともできました。

物語「白い花びら」の中で、**修飾**と**被修飾**の関係など、文の構成について知ることができました。また、呼応の副詞（もし〜ならば、など）について知り、短文を作ることができました。

教材「国語辞典の引き方」では、**国語辞典**の引き方を理解し、辞典を活用することができています。意味が分からない言葉や使いたい**漢字**などを調べることもできます。

説明文「うめぼしのはたらき」では**段落**のはたらきを理解し、「めだか」では「第一に」「第二に」「一方」「ので」などの語が文章や段落のつながりに果たす役割を理解し、読むことができました。

教材「本で調べよう」で、理解したり表現したりするために必要な言葉を、辞書を利用したり、目次や索引などを利用したりして見つける方法を理解しています。

教材「クラスの『生き物ブック』を作ろう」（書く）では、**指示語**や**接続語**が文と文との意味のつながりに果たす役割を理解しています。また、指示語や接続語を使うことができます。

教材「漢字学習ノート」で、既習の**漢字**についての読み方、意味、使い方などをすすんで調べ、短文を考えて、漢字学習ノートに書き、まとめることができました。

教材「2年生で学んだ漢字」「3年生で学ぶ漢字」では、絵を見て想像したことをもとに、2年生までに配当されている漢字と3年生になって習った漢字を使って文章を書くことができます。

教材「のらねこ」(読む)では、登場人物や場面の様子、行動を表す言葉にはそれぞれの性質や役割があることに気付き、その言葉から人物の気持ちや性格を読むことができるようになってきました。

教材「漢字の音と訓」では、3年生になって習った漢字の音と訓について理解することができています。さらに、同音・同訓の漢字をほぼ適切に使い分けています。

書写「点画を正しく書こう」では、「横画」「たて画」「はらい」「おれ」「はね」などの筆使いを正しく理解しているだけでなく、正しく書くこともできます。

書写「点画を正しく書こう」「文字の形を整えて書こう」では、筆使いや画の長さの違いを理解することができ、字形を整えて書くことができています。

教材「気持ちをつたえる話し方・聞き方」では、話し合いが苦手でしたが、理由や事例を挙げながら、話の中心を明確にした話し合い活動を通して、意見を述べ合うことができるようになりました。

教材「ローマ字とコンピューター」には当初、苦手意識がありましたが、ローマ字の表記の仕方を理解し、ローマ字を正しく読んだり、タブレット端末に正しく入力したりすることができました。

教材「漢字のへんとつくり」では、いろいろな「へんとつくり」がある中、「へんとつくり」の構成や名前の知識を得て、漢字を仲間分けしたり、読み書きしたりできるようになりました。

教材「こそあど言葉」では、文章を繰り返し読むことで、指示語が文と文のつながりに果たす役割を理解することができ、指示語を文や文章の中で適切に使うことができています。

教材「ことわざ・慣用句」では、ことわざ辞典などを活用して、聞き慣れない「ことわざや慣用句」の意味を知り、生活の中で使えるような「ことわざ・慣用句カード」を作ることができました。

◆「思考・判断・表現」に関わる文例

特性キーワード 表現を工夫しながら音読／分かりやすい文章を書ける／読み手を意識して書ける／書く内容を意識してインタビュー／相手のことを考えて発言

教材「『自己紹介ビンゴゲーム』をしよう」（話す・聞く）では、大事なことが伝わるように筋道を立てて**クイズ**を出題し、出題されたクイズの大事なことを聞き落とさないようにしていました。

物語「白い花びら」（読む・書く）では、登場人物の行動や気持ちを思い浮かべながら、表現の工夫に気を付けて読み、気に入った言葉をもとに、物語の続きを書くことができました。

説明文「めだか」（読む・書く）では、**段落**の中心となる語や文を見つけ、要点を押さえて読むことができました。また、分かったことや大事なことをノートに書きまとめることができました。

教材「クラスの『生き物ブック』を作ろう」（書く、話す・聞く）では、図鑑や資料を使って生き物の特徴を調べ、**段落**の役割を活用して分かりやすい原稿を書き、発表することができました。

教材「たからものをしょうかいしよう」（話す・聞く）では、スピーチメモをもとに、理由を挙げて分かりやすく、声の強弱や調子、間の取り方に注意して**スピーチ**することができました。

教材「気持ちをつたえる話し方・聞き方」（話す・聞く）では、考えたことや思ったことを伝え合うとき、相手を見たり、言葉の抑揚や強弱、間の取り方に注意して話したり、聞いたりしていました。

物語「のらねこ」（読む・書く）では、登場人物の**言葉遣い**や行動を通して、その性格や気持ちの変化を読み取り、登場人物の性格を参考にして物語を書くことができました。

教材「手紙を書いて伝えよう」（書く）で、目的に合った**手紙**の書き方を知り、書こうとすることの中心を明確にし、相手の立場や気持ちを考えて、丁寧な言葉で手紙を書くことができました。

教材「取材して知らせよう」（書く）「**インタビューをしよう**」（話す・聞く）では、書こうとすることを明確にして書き、話の中心に気を付けて聞き、質問することができました。

説明文「くらしと絵文字」（読む・書く）では、時を表す言葉やつなぎの言葉による**段落**と段落のつながりに注意して読み、絵文字を分かりやすく説明する文章を書くことができました。

物語「モチモチの木」（読む・書く）で、登場人物の様子や気持ちが表れている言葉に着目し、場面と場面の関係にも注意して読み、この物語の面白さの理由を明確に書くことができました。

説明文「川をさかのぼる知恵」（読む、書く）では、**段落**のつながりに注意して読み、自分なりの感想や考えをもつことができ、一人一人の感じ方に違いがあることにも気付くことができました。

生活の中での発見や不思議に思ったことを記録する経験がありませんでしたが、教材「発見ノートを作ろう」（書く）で、関心のあることの中から書きたいことを決めて発見ノートに書きました。

話し合う学習が苦手だったのですが、教材「よく見て、話し合おう」（話す・聞く）では、話し合っている内容をよく聞き、互いの考えの共通点や相違点を踏まえて発言していました。

音読に苦手意識を持っていましたが、教材「詩を楽しもう」（読む）で、場面の移り変わりに注意し、人物の性格や気持ちの変化、情景の叙述をもとに想像して音読し、イメージを広げていました。

インタビューをすることに自信がなかったのですが、教材「町の行事について発表しよう」（話す・聞く）で、相手や目的に応じて必要な事柄を適切にインタビューしたり、報告したりしていました。

文章の組み立てを考えて書くのが苦手でしたが、教材「強く心にのこっていることを」（書く）で、**段落**相互の関係などに注意して、中心場面を決めて様子が伝わるように書くことができました。

登場人物の心の動きを想像することを難しいと感じていましたが、教材「おにたのぼうし」（読む、書く）で、おにたの心の動きを想像しながら、消えていったおにたに**手紙**を書いていました。

◆「主体的に学習に取り組む態度」に関わる文例

楽しみながら話す／興味関心をもって調査／意欲的に音読／物語の内容に感動／主人公に感情移入／漢字に興味／意欲的に情報収集

自分が話したことを問題に出す「『自己紹介ビンゴゲーム』をしよう」を通して**クイズ**の目的を知り、楽しみながら大事なことを分かりやすく話したり、聞き取ったりすることができます。

ファンタジーの世界を表現した**物語**「白い花びら」では、場面の移り変わりに注意しながら、登場人物の性格や気持ちの変化、情景などについて、叙述をもとに想像して読むことができました。

説明文「めだか」では、めだかが敵から身を守る方法や自然の厳しさに耐えることのできる特徴に感心して、**段落**の要点に気を付けながら読み、タブレット端末に要点をまとめることができました。

興味関心のある**生き物**を調べ、その特徴を書く学習「クラスの『生き物ブック』を作ろう」で、書くのに必要な事柄をすすんで集め、図や資料を使って他の生き物と比べて書くことができました。

俳句を声に出して読み、言葉のリズムを感じ取ることができました。また、気に入った俳句について、季節や情景、込められた思いなどを想像しながら読むことができました。

メモを活用するなど今までの学習を活かし、中心点をはっきりさせたり理由を添えたりして自分の宝物を紹介していました。友達の意見や感想をもとに、より良く紹介しようとしていました。

言葉にはいろいろな意味が込められていることを知り、気持ちが伝わる話し方、聞き方があることに気付くことができ、話したり、聞いたりする際の表情や態度を良くする努力をしています。

物語「のらねこ」では、会話や行動に表れた登場人物の性格を考え、場面の移り変わりに注意しながら、気持ちの変化や情景などについて、叙述をもとに意欲的に想像して読むことができました。

場面の移り変わりに注意しながら、**物語**「わすれられないおくりもの」の登場人物の性格や気持ちの変化、情景について、叙述をもとに想像して読み、分かりやすい文章で紹介することができました。

説明文を読むときにはいつも**段落**のつながりに気を付けています。「くらしと絵文字」では、絵文字の特徴をまとめて説明しているところ、詳しく説明しているところに注意して読んでいました。

自分のまわりに目を向けていたら、雲の動きにはっとして、もう一度見つめ直していました。そのことから想像したことなどを言葉にして、意欲的に「**詩**」を書くことができました。

臆病な豆太が、じさまのために勇気を振り絞って行動するところに感動していました。豆太の性格や豆太の気持ちの移り変わりを詳しく読み、この**物語**の面白さを**紹介文**に書くことができました。

物語「おにたのぼうし」では、主人公のおにたに寄り添い、おにたの性格や気持ちの移り変わりを丁寧に読んでいました。また、消えていったおにたに対して感謝の気持ちを**手紙**に書いていました。

説明文「川をさかのぼる知恵」（読む、書く）では、**段落**のつながりに注意して繰り返し読むことで、感想や考えをもつことができ、一人一人の感じ方に違いがあることにも気付くことができました。

易しい文語調の**俳句**に親しんだり、俳句には季語が読み込まれていることを知ったりして、季節や情景、込められた作者の思いを想像しながら読むことができました。

漢字の**音と訓**に興味をもって、漢字の音と訓の読み方を知り、その違いについて考えて読んでいました。漢字のノートに同音語や異字同訓の漢字を集めて書くことができました。

手紙を書く習慣がなかったのですが、教材「手紙を書いて伝えよう」（書く）で、お礼の手紙の書き方を知ることができました。また、お世話になっている人に手紙を書くことができました。

身近な生活の中から**作文**の題材を選ぶことに迷っていましたが、教材「強く心にのこっていること」の学習では、中心になる場面に何を書くかをはっきりさせて書くことができました。

3 「学習面の特性」に関わる文例
（2）**社会に関わる**所見文

◆ 「知識・技能」に関わる文例

特性キーワード 地図の記号や方位を理解／地域で働く大人とその役割を理解／市の様子の移り変わりを理解／地域の人にインタビュー／年表が作れる

「学校のまわり」の学習では、身近な地域の地形や土地利用などについて観察・調査し、**地図**にまとめました。学校周辺の様子について理解を深めることができました。

「市の様子」の学習では、○○市の位置や地形、土地利用、交通の広がりなどについて必要な情報を地図から読み取り、市の特色について理解することができました。

「農家の仕事」の学習では、農家の人たちの作業の様子や出荷先について調べる活動を通して、農家の人たちが地域の人たちの生活を支えていることを理解することができました。

「**工場の仕事**」の学習では、工場で働く人たちの工程や製品の出荷先について調べる活動を通して、工場で働く人たちが地域の人たちの生活を支えていることを理解することができました。

「店ではたらく人」の学習では、スーパーマーケットへの見学を通して、販売の仕事は消費者の多様な要望を踏まえ、売上を高めるよう工夫しているということを理解しました。

「火事からくらしを守る」の学習では、施設・設備などの配置、**消防署**による緊急時への備えや対応などについて見学・調査したり**地図**で調べたりし、地域の防災について理解することができました。

「事件や事故からくらしを守る」の学習では、**警察署**の見学を通して、警察署で働く人たちは地域の安全を守るために、事故を防ごうとしていることを理解することができました。

「市の様子と人々のくらし」の学習では、**地図**で調べたことを**年表**にまとめる活動を通して、昔から現在に至るまでに市の様子が移り変わってきたことを理解することができました。

「市の様子」の学習では、**地図**から方位や地図記号を読み取ることに時間がかかっていましたが、学習を重ねるうちに地図の見方に慣れてきたようで、スムーズに読み取れるようになってきました。

「学校のまわり」の学習では、たくさんの**地図記号**や方位を理解することに難しさを感じていましたが、観察したことを**絵地図**にまとめることで、使うことができるようになりました。

「店ではたらく人」の学習では、お店の人に**インタビュー**することができず困っていましたが、友達が調べてきたことをもとに考えることで、お店の人の工夫を理解することができました。

「火事からくらしを守る」の学習では、友達の手を借りながらまとめていくことで、**消防署**の人たちだけでなく、地域のいろいろな人によっても町が守られていることを理解しました。

「市の様子と人々のくらし」の学習では、初めての**年表**づくりに難しさを感じていましたが、友達と一緒に活動することで、分かりやすい年表をつくることができました。

◆ 「思考・判断・表現」に関わる文例

特性キーワード 市の特色をまとめる／地域の大人たちの仕事と自分の暮らしのつながりを意識／根拠をもって予想／友達と話し合いながら思考

「学校のまわり」の学習では、学校からの方位ごとに見られる特徴について考えることで、学校周辺の土地の利用のされ方には違いがあることに気付くことができました。

「市の様子」の学習では、○○市の位置や地形、土地利用、交通の広がりなどから市の特色について考え、学習問題のまとめとして表現することができました。

「**農家の仕事**」の学習では、農家の人たちの作業の様子や出荷先について調べたことをもとに、農家の人たちの仕事と私たちの暮らしのつながりについて考えることができました。

「**工場の仕事**」の学習では、工場で働く人たちの工程や製品の出荷先について調べたことをもとに、工場で働くの人たちの仕事と私たちの暮らしのつながりについて考えることができました。

「店ではたらく人」の学習では、お店への見学・調査を通して分かったことをもとに、お店のさまざまな工夫とお客さんの願いを関連付けて考えることができました。

「火事からくらしを守る」の学習では、学習してきたことをまとめる中で、**消防署**で働く人たちの工夫や努力が私たちの暮らしに果たす役割について考えることができました。

「事件や事故からくらしを守る」の学習では、学習してきたことをまとめる中で、**警察署**で働く人たちの工夫や努力が私たちの暮らしに果たす役割について考えることができました。

「市の様子と人々のくらし」の学習では、**地図**で調べたことをもとに**年表**にまとめる活動を通して、市の様子がどのように変わってきたのかを考えることができました。

学習問題に対する予想を考える活動では、なかなか予想が出てきませんでしたが、生活の中の出来事などを参考にして考えることで、少しずつ考えを広げることができるようになってきました。

学習してきたことをただまとめるのではなく、その意味についても考え、まとめるように指導をしたところ、人々の工夫や努力を○○市の人々の生活と関連付けて考えることができました。

友達と話し合うことで、さまざまな考えに触れることができました。友達のまとめを参考にすることで、自分の考えをまとめることができるようになってきました。

学習して分かったことを結び付けて考えることに課題を感じていましたが、友達と話し合い、さまざまな考えに触れることで、自分の考えをまとめることができるようになってきました。

学習のまとめを書く場面では、手が止まってしまい、困っていることが多くありました。何が大切だったかを問い掛け、一緒に考えることで、自分の考えをまとめることができるようになりました。

◆「主体的に学習に取り組む態度」に関わる文例

特性キーワード 話し合い活動で積極的に発言／意欲的に見学・調査／興味深そうに見学／粘り強く活動／社会科が好き

「学校のまわり」の学習では、学校のまわりの様子を意欲的に調べ、積極的に**絵地図**づくりに参加しました。絵地図から分かったことについても一生懸命考えていました。

「市の様子」の学習では、**地図**から○○市の位置や地形、土地利用、交通の広がりなどを意欲的に調べました。市の特色について話し合う活動では、積極的に発言していました。

「**農家の仕事**」の学習では、資料をもとに農家の人たちの作業の様子について意欲的に調べ、農家の人たちの仕事と私たちの暮らしとのつながりについて考えたことを積極的に発言していました。

「**工場の仕事**」の学習では、工場で働く人たちの工程について意欲的に調べ、工場で働くの人たちの仕事と私たちの暮らしとのつながりについて考えたことを積極的に発言していました。

「**店ではたらく人**」の学習では、お店への見学・調査に意欲的に参加し、お店の人に**インタビュー**をしていました。お店の多様な工夫の目的について、自分の考えを積極的に発言できました。

「**火事からくらしを守る**」の学習では、火事を減らすために自分たちにできることを考えました。学習したことを生かして話し合うことで、より良い方法を選び出すことができました。

「**事件や事故からくらしを守る**」の学習では、消防の働きで学習したことを生かして、計画を立てることができました。学習計画を立てることで、見通しをもって学習に取り組むことができました。

「**市の様子と人々のくらし**」の学習では、学習したことを振り返り、今の○○市がつくられてきた過程から、これからの○○市がどのように変化していくのか考えていました。

当初は、社会科の学習に慣れていなかったため、見通しをもって学習するのが難しかったようですが、学習を重ねるごとに自ら能動的に調べることができるようになってきました。

社会科の学習に苦手意識を感じていましたが、学習したことと自分たちの生活との関わりを意識するようになったことで、学習に取り組む姿勢が変わってきました。

今まで関心のなかった社会の出来事に対して、疑問をもちながらみんなで調べていくことで、その不思議さや深さに気付き、関心を高めることができました。

生活科の学習に比べ、学習の範囲が広くなったことで、学習に難しさを感じていました。しかし、学習したことと自分たちのつながりに気付いたことで、社会科が好きになってきたようです。

3 「学習面の特性」に関わる文例
（3）**算数に関わる**所見文

◆ 「知識・技能」に関わる文例

特性キーワード 九九を活用できる／わり算が得意／筆算が得意／長さを適切に測れる／分数の意味を理解／文章題が得意／三角形の特性を理解

「**九九**を見なおそう」の単元では、かける数、または、かけられる数が分からない式のときには、九九を適用すれば、それを求められることに気付き、答えを求めることができました。

時刻と時間の求め方の学習では、秒針の動きに合わせて手を打ったり、「1分間当て**クイズ**」を通して「1分＝60秒」の関係や、1分より短い時間の表し方を理解することができました。

時刻と時間の求め方の単元では、ある時刻から一定時間前の時刻や時間と時間の和を求める際、文字盤や**数直線**を使うことで、正確な答えを求めることができました。

わり算の学習では、「わられる数」と「わる数」をしっかりと理解し、12個のクッキーを3人で等分すると1人分は何個になるかを、立式して正確に求めることができました。

わり算の学習では、クッキーを4人で分けたときの1人分の数を求める場面で、分けるクッキーが1個もないときも $0 ÷ 4 = 0$ と除法の式に表すことを理解し、計算することができました。

大きい数の仕組みの学習では、万の単位や1億までの整数についてしっかり理解しており、大きな数の読み方や数の大小関係を**等号・不等号**で表す方法も間違えることなく表すことができます。

大きい数の筆算を考える単元では、繰り上がりや繰り下がりに気を付けて計算するだけでなく、それを利用した**正方形**の周長を求める式を立てることもできました。

長い**長さ**を図る単元では、１ｍよりも長いものの長さを巻尺を使って、正確に測定することができました。一人では、測りにくいことにも気付き、友達と協力して計測する姿も見られました。

あまりのある**わり算**の学習では、余りのとらえ方について理解しており、問題文をよく読み、答えをどのように表現したらよいかを学級のみんなに伝えることができました。

円の学習では、コンパスを上手に使って正確な円をかくことができました。**自主学習ノート**にも円や円の一部を使った模様をたくさん書いており、美しい円をかけることへの喜びが感じられました。

分数を使った大きさの表し方を調べる学習では、「分数」「分母」「分子」の意味を理解し、整数で表すことのできないものを分数で表すことの良さについて理解していました。

算数の**文章題**では、分からない数を□にすることで、場面を式に表すことができました。また、その逆に□を用いた式から問題場面をつくり、学級の友達と交流もしました。

かけ算の**筆算**を考える学習では、筆算の仕方をいち早く理解し、587×34 のように桁数が増えても、既習の筆算と同じように計算できることに気付くことができました。

「**三角形**を調べよう」の学習では、「**二等辺三角形**」「**正三角形**」の特徴を理解し、**コンパス**と定規を用いて、二等辺三角形を正確に作図することができました。

「わかりやすく整理して表そう」の学習では、けがをした場所と人数を整理した表を見て、**棒グラフ**に表す際、項目のとり方、１目盛りの大きさなどの順に従ってグラフを描くことができました。

かけ算の**筆算**を考える学習では、これまでの**九九**を使い、筆算の方法を学習しました。繰り上がりと繰り下がりのミスも減ってきました。練習を重ねることで定着することでしょう。

かけ算の**筆算**を考える学習では、筆算の方法を学習しました。繰り上がりと繰り下がりの学習では間違いが度々見られましたが、一緒に考えることで徐々に間違いが減ってきました。

分数を使った大きさの表し方の学習では、分数での表し方や「分母」「分子」の意味の理解に時間がかかりましたが、最後まで粘り強く取り組むことができました。計算問題も良い影響が出ています。

円の学習ではコンパスを初めて使いましたが、操作に戸惑う姿が見られました。落ち着いて操作すればきれいな円をかくことができますので、次学期も支援していきます。

わり算の学習では、計算の意味の理解に時間がかかりましたが、「余りの出るわり算」においては、おはじきなどの半具体物を操作しながら理解を深めていました。

「時こくと時間のもとめ方」の学習では、**時刻**の分と秒の単位関係の理解に苦労をしましたが、ご家庭の協力もあり、分や秒の換算や計算もできるようになってきました。

「三角形を調べよう」の学習では、**コンパス**と定規で三角形を描く方法に不安があるようです。三角形を描く手順を整理し、正確に描けるように学校でも支援をしていきます。

◆「思考・判断・表現」に関わる文例

特性キーワード 分かりやすく説明できる／式に表すことができる／見当をつけて測定／図や数直線を使って説明

時刻と時間の求め方を考える学習では、8時40分から30分後の**時刻**や、9時50分から10時10分までの時間を、文字盤や**数直線**を手がかりにして求めていました。

分数を使った大きさの表し方を調べる学習では、分数で表された**長さ**を比べ、違いは1目盛何個分かを考え、それをノートに図で表して分かりやすく説明することができました。

□を使って場面を式に表す学習では、未知数を□として表し、友達の考えた話に合わせて式に表し、**数直線**を使って答えを導くことができるなど、着実に定着が図られています。

　かけ算の筆算の学習では、1位数×何十の計算のやり方について、図や**数直線**を使って説明することができました。また、かける数を10倍にすると答えも10倍になることにも気付きました。

　三角形を調べる学習では、**正三角形の作図の仕方**を、**二等辺三角形**の作図の仕方をもとに考え、その方法を学級全体に大型モニターで映しながら操作し、説明することができました。

　倍の計算の学習では、数量の関係をテープ図や**数直線**に表して考え、□を用いた**かけ算**の式に表すことができました。また、□に当てはまる数を求めるには、**わり算**を使うことにも気付きました。

　かけ算の筆算の学習では、「86×30」のような二桁同士の計算の仕方を、これまでの二桁×一桁のかけ算の性質をもとに考え、学級全体に分かりやすく説明することができました。

　「**分数を使った大きさの表し方を調べよう**」の単元では、1／5 mの6個分、7個分の**長さ**は何mか考え、10／5 mは2mと同じ大きさであることを学級全体に発表することができました。

　「まるい形を調べよう」の単元では、**コンパスで円**を描く方法を学習し、それを使い、ノートにたくさんの大きさの違う円の模様を描き、宇宙の絵を完成させました。

　「わり算を考えよう」の単元では、69÷3の計算の仕方を、これまで学習した**かけ算**の計算の仕方や、数の構成をもとに考え、分かりやすく説明することができました。

　「時こくと時間のもとめ方を考えよう」の単元では、町の様子調べの計画を立てる場面で、図などを用いて**時刻**や時間の求め方を考え、説明することができました。

「長いものの長さのはかり方と表し方」の学習では、長い物やまるい物の長さを測定するために巻尺を使い、**長さの見当をつけてから**いろいろなものの正確な長さを測定しました。

「**九九を見なおそう**」の学習で確認したところ、**かけ算の九九を全て言え**るまで、あと少しの所まできました。定着が図れるように練習を重ねていくようにしましょう。

時刻と時間の求め方の学習では、アナログ時計の時間の表し方が難しかったようです。夏休み中、ご家庭でもアナログ時計の時間当て**クイズ**などに取り組んでいただけると理解が定着すると思います。

わり算の学習では、ものを分ける方法を図や言葉で表すことに時間がかかっていました。おはじきを使って表すことができましたので、半具体物を使って表現できるよう支援していきます。

大きい数の筆算を考える単元では、2年生での学習の方法を使って考えました。ただ、繰り上りや繰り下がりを忘れて計算してしまうことがあるようなので、声掛けをして支援してまいります。

「長いものの**長さのはかり方と表し方**」の学習では、キロメートルの書き方が「mk」と逆になってしまうことが度々ありましたので、正しく表記できるよう支援をしました。

「**あまりのあるわり算**」の学習では、余りの概念について、理解がまだ不明瞭な部分があったので、おはじきを使いながら確認してきました。今後も支援をしてまいります。

◆「主体的に学習に取り組む態度」に関わる文例

 特性キーワード 興味関心をもって学習／楽しそうに学習／学んだことを実生活で活用／身の回りの物を積極的に測定／主体的に検算

時刻と時間の求め方を考える学習では、時刻や時間に関心をもち、文字盤を使い、楽しそうに活動していた姿が印象的でした。普段の生活でも積極的に活用しようとする姿が見られます。

「同じ数ずつ分けるときの計算を考えよう」の単元では、12個のクッキーを3人で等分すると1人分は何個になるかを、半具体物を操作してすすんで調べる姿が見られました。

「**大きい数の筆算を考えよう**」の単元では、3位数＋3位数の筆算の問題を解く際、既習内容をもとに、365＋472の筆算の仕方をすすんで考えようとする姿が見られました。

「長いものの長さのはかり方と表し方」の学習では、**長さ**についての単位や巻尺などの測定用具を用いて、身の回りの物の長さを積極的に測っている様子が見られました。

わり算の学習では、わり切れない場合を含むわり算の答えの検算方法を考え出し、計算問題が早く終わった際はタブレット端末でどんどん新たな問題に取り組もうとする意欲が見られました。

大きい数の仕組みの学習では、1億までの数の仕組みや表し方だけでなく、それよりも大きい数の表し方がどれくらいあるのかをパソコンで調べ、無量大数という単位があることに驚いていました。

大きい数のかけ算のやり方を考える学習では、1辺16cmの正方形の周りの**長さ**を求める際、計算で求めた答えが正しいものであるかを、計算後に計測して確認する様子が見られました。

大きい数の**わり算**の学習では、「69÷3」の計算の仕方を一つノートに書いた後、他にも求められる方法がないかを考え、最終的には三通りもの方法を周りの友達に発表していました。

「まるい形を調べよう」の学習では、**コンパス**を初めて使いましたが、美しい**円**が描けたことがうれしかったようで、**自主学習ノート**にコンパスの円だけで絵を描いてきました。

「数の表し方やしくみを調べよう」の単元では、2.8を**数直線**に表し、そこから数の構成や相対的な大きさをもとにすると、いろいろな表し方ができることに気付くことができました。

「重さをはかって表そう」の単元では、いろいろな文房具などの重さの比べ方を考え、どちらがどれだけ重いかを調べる方法を考えました。自作天びんを使って物の重さを積極的に測定していました。

分数を用いることで、整数では表すことのできない数の大きさを表せるようになることに興味をもち、社会の学習でも市民の人口と県民の人口を分数で表すなど、積極的に使おうとしていました。

「かけ算の筆算を考えよう」の単元では、自分でノートに問題を書き、新しい問題に挑戦していました。そんな○○さんは学級で誰よりも早く簡単、正確に計算ができています。

分数を使った大きさの表し方を調べる学習では、分数の意味を理解するために、ピザやホールケーキの模型を使って一緒に考えてみたところ、理解できるようになりました。

10000より大きい数を調べる学習では、学習内容に不安な部分があったようですが、具体的な買い物の場面を想定しがら取り組むことで、意欲も向上し学習内容も定着してきました。

わり算の学習では、九九がまだ不明確なため、やる気が出なかったようなので、九九のおさらいから取り組みました。ご家庭の協力も得ながら、飛躍的に向上してきました。

時刻と時間の求め方を考える学習では、学習内容に興味がもてないようでしたので、アナログ時計の模型で「時刻当てクイズ」をしながら、時刻の読み方を確認する学習をしました。

三角形を調べる学習では、コンパスで遊んでしまい危ない場面が見られましたので、正しい使い方について、一緒に考えてきました。結果、大きな円をコンパスで描けるようになりました。

そろばんの学習では、そろばんの玉の意味が分からず遊んでしまう様子が見られたので、一緒に一つずつ玉を数える学習をしました。その結果、100まで数えられるようになりました。

（4）**理科に関わる**所見文

◆「知識・技能」に関わる文例

特性キーワード 音が出る仕組みを理解／植物・昆虫の様子を詳しく記録／電気を通す物の性質を理解／磁石につく物の性質を理解／重さの性質を理解

太陽の位置と影の向きを調べる活動では、タブレット端末を使って時間ごとに写真を撮り、それを並べて比べることで、影は太陽の位置と反対の向きにできることを理解することができました。

音の学習では、トライアングルやシンバルなどさまざまな楽器を使って調べることで、音が出るときは物は震えていることをしっかりと理解することができました。

昆虫の体のつくりを調べる学習では、チョウの**観察**だけではなく、タブレット端末を使ってさまざまな昆虫の体のつくりを撮影し、その特徴を分かりやすくまとめました。

身近な**生き物**の**観察**では、校庭にある**植物**に興味をもち、自分が探した植物を図鑑で調べ、一生懸命覚えていました。調べた植物を特徴ごとにまとめ、分かりやすく友達に発表できました。

ゴムのはたらきの学習では、内容を着実に理解しました。学んだことをもとにゴムを伸ばす長さを調節し、所定の位置にしっかり車を止めることができて、友達に称賛されていました。

植物や**昆虫**の**観察**では、その特徴を捉え、くわしく記録することができました。植物や昆虫の育つ順序を正しく理解し、その違いを理解しながら観察日記をまとめることができました。

電気を通す物と通さない物を探す活動では、電気を通す物の特徴を理解し、たくさん探すことができました。その内容を記録カードに丁寧にまとめ、たくさんの友達に褒められていました。

光を集める活動では、光の性質をしっかりと理解しながら、鏡を正しく使ってたくさんの光を集めることができました。「もっといろんな色の光を集めたい」と学習に興味を深めていました。

磁石の活動では、磁石につく物の性質を正しく理解していました。釘を磁石にする活動では、磁石につく物や方位磁針の性質を自分なりに考え、いろんな方法で調べることができました。

物の重さを調べる活動では、「形が変わっても物の重さが変わらない」ことを、粘土やアルミニウム箔で何度も実験を行い、着実に理解することができました。

日なたと日陰の暖かさや湿り気について調べる活動では、調べたことを、項目を立てて分かりやすく表にまとめ、発表することができました。その性質についても正確に理解しています。

昆虫の体のつくりを調べる活動では、勇気を出して一生懸命観察していました。体が三つに分かれていることや、足が出ている箇所等をタブレット端末の画像や３Ｄアニメーションで復習しましょう。

イモムシを育てる活動では、苦手ながらも一生懸命育てることができました。勇気をもって観察を行い、その特徴をしっかりと捉えることができるように支援を続けます。

音の学習では、楽しみながら活動することができました。音が出ているときは物が震えることについて、タブレット端末の映像をもう一度よく見て復習するとさらによくなります。

電気の学習では楽しく活動することができました。乾電池の「＋極」や「－極」の場所、そして「回路」の意味を正しく理解することができると、さらに充実した学習になると思います。

磁石の学習ではいろんな実験を楽しんで行うことができました。実験の結果を表や図を使って分かりやすくまとめることができると、さらに理解が深まることでしょう。

物の重さを調べる活動では、諦めず何度も実験する姿が見られました。実験方法を理解し、じっくり実験を行うことができるように、今後も声掛けを続けていきます。

◆「思考・判断・表現」に関わる文例

特性キーワード 動物と植物の違いを考察／予想を立てながら実験／友達に分かりやすく発表／調査結果を丁寧にノートに記録／実験結果を深く考察

校庭にいる**生き物**を調べる活動では、タブレット端末を使ってさまざまな**植物**を撮影し、その様子を比べることで、生き物によって色や形、大きさが違うことを考えることができました。

昆虫の成長の様子を調べる活動では、**植物**の成長の様子との違いを意識しながら、学習を進めることができました。その違いを表にまとめ、友達に分かりやすく発表することができました。

ゴムの伸ばし方と台車の動きについて調べる学習では、**実験**の様子をタブレット端末で撮影して結果を比べることで、ゴムを伸ばすと物を動かす働きが大きくなると考えることができました。

風のはたらきの学習では、風の強さによって車がどこまで進むのか、**実験**結果を比べながら一つ一つ予想を立てて実験し、風の性質をしっかり考えることができました。

どんな物が**電気**を通すのかを調べる学習では、**実験**の結果をタブレット端末を用いて撮影し、その結果を分かりやすくまとめ、クラスのみんなに上手に発表することができました。

磁石につく物とつかない物を調べる活動では、**実験**結果をしっかりと捉え、磁石につく物は「鉄」でできていることにいち早く気付き、友達に分かりやすく伝えることができました。

光を反射させる活動では、光の進む方向を正しく予測し、**実験**計画を立てました。友達にも光の特徴を分かりやすく伝え、グループのみんなと実験を成功させることができました。

太陽の動きを調べる活動では、自分の生活経験をもとに太陽の動きを予想し、友達に発表することができました。影の様子から太陽の動きを正しく捉え、ノートに上手にまとめていました。

「豆電球を光らせる回路を作る活動」では、学んだことをもとに、豆電球のソケットがなくても明かりをつける方法をいち早く見つけ、友達に紹介することができました。

日なたと日陰の暖かさについて調べる活動では、生活経験をもとにしっかりと予想することができました。「1時間ごとに調べる」と自分で実験計画を立てて、正しく実験することができました。

植物のつくりを調べる活動では、植物に根・茎・葉があることを、さまざまな植物を比べることで、積極的に調べていました。その特徴を新聞に分かりやすくまとめることができました。

昆虫の成長について興味をもって取り組みました。昆虫の育ち方について、タブレット端末で撮影した写真、幼虫やさなぎの画像などをもとに振り返り、もう一度考えるとよいでしょう。

植物の成長の様子を調べる活動では、一生懸命ホウセンカを育てていました。成長の様子を前回の記録と比べながら考えることができたら、さらに理解が深まることでしょう。

ゴムのはたらきの学習では、狙った所に車を止めようとたくさん実験をしていました。過去の実験の結果をもとに、ゴムの性質を考えて実験を行うとさらに活動が深まることでしょう。

磁石につく物を調べる活動では、たくさんの物を調べることができました。実験の際には、結果を表にまとめ、どんな特徴があるのかをしっかりと考えられるように声掛けを重ねていきます。

光を集める活動では、たくさんの鏡を使って楽しく実験していました。実験の結果を比べ、鏡の枚数と暖まり方についてじっくりと考えることができるとさらに良いと思います。

◆「主体的に学習に取り組む態度」に関わる文例

特性キーワード 毎日欠かさず動植物の世話／積極的に実験／動植物に興味／何度も諦めずに実験／友達と協力しながら観察・実験

ホウセンカを育てる活動では、大きく育てる方法をタブレット端末で調べ、**水やりや肥料**のタイミング、植木鉢を置く位置などを考え、すすんで育てることができました。

音の大小と物の震え方を調べる活動では、ギターや琴などの弦楽器でも実験の結果と同じことが起きるのかをタブレット端末を使って調べ、意欲的に活動することができました。

方位磁針についてとても興味をもっていました。N極が北を向く理由をタブレット端末で自らすすんで調べ、地球が大きな**磁石**であることに驚き、クラスのみんなに伝えていました。

イモムシを育てる活動では、「どのくらい大きくなるのかな？」と、友達と楽しく語り合っていました。毎日欠かさず**餌やりや掃除**を行い、興味をもって活動している様子が分かります。

電気を通す物と通さない物を探す活動では、積極的に**実験**を行い、たくさんの物を調べることができました。家で調べた物をまとめ、**朝の会**で友達に紹介する姿にはとても感心しました。

ゴムのはたらきを調べる学習では、「他のゴムではどうなるのかな？」と、自分でいろんな種類のゴムを用意し、たくさん**実験**していました。友達にもその結果を伝え、称賛されていました。

昆虫を調べる活動では、たくさんの昆虫に興味を示し、図鑑などで調べて新聞にまとめていました。自分でカブトムシやクワガタの**折り紙・模型**を作るなど、興味が高まっている様子がうかがえます。

音の大きさを調べる学習では、積極的に**実験**を行い、音の大きさと震え方の関係に気付くことができました。「他のものもはどうなのかな？」と疑問を持ち、いろんなものを調べることができました。

物の形と重さを調べる学習では、**実験**がうまくいかなかった際にその理由を考え、グループのみんなと話し合い、何度も諦めずに実験を行うことができました。

ホウセンカを育てる活動では、毎日欠かさずに**水やり**を行い、一生懸命育てました。「花が咲いたよ！」と友達とうれしそうに喜んでいる姿は、とても微笑ましく思いました。

太陽の動きを調べる活動では、自分で積極的に関わって活動していました。太陽が動く様子を家でも記録し、友達に紹介していました。とても意欲的に学習に参加している様子がうかがえます。

物の**重さ**を比べる活動では、楽しみながら**実験**を行っていました。実験がうまくいかなかったときも粘り強く再チャレンジできるように、今後もサポートしていきたいと思います。

昆虫の体のつくりを調べる活動では、昆虫に苦手意識を感じながらも、頑張って取り組むことができました。**観察**したことを記録する習慣が身に付くように、今後も声掛けを続けます。

モンシロチョウを育てる活動では、タブレット端末で調べ、準備を一生懸命行いました。継続して世話や**観察**ができるよう、こまめに声を掛けていきたいと思います。

太陽の動きの学習では、影踏み遊びに熱中していました。遊びと学習のけじめをしっかりともって学習に取り組むことができると、さらに学びに深まりが出ることでしょう。

風のはたらきの学習では、風の動きで進む車を一生懸命作りました。**実験**の目的をしっかりと理解し、意欲的に実験に取り組むことができるように、今後もサポートしていきます。

電気を通す物を探す活動では、ひたむきに努力をしていました。グループで**実験**を行う目的を理解し、友達と協力して実験を行うことで、さらに深い学びにつながると思います。

3 「学習面の特性」に関わる文例
（5）音楽に関わる所見文

◆「知識・技能」に関わる文例

特性キーワード 伴奏に合わせて歌唱／きれいな音色で演奏／歌詞の内容を理解して歌唱／良い演奏を目指して地道に努力

歌唱「ふじ山」の学習では、伴奏をよく聴きながら声を合わせて歌うことができました。曲の中で盛り上がる「曲の山」に気付き、自然で無理のない歌い方は友達の良い手本となってくれています。

リコーダーの指使いをすぐに覚え、きれいな音色で**演奏**できるようになりました。息づかいも注意しながら、タンギングができるように友達にも教える姿が見られました。

「春の小川」の学習では、歌詞の内容をよく理解しながら歌うことができました。曲想にも注目して、それらの関わりに気付くなど、鋭い観察力をもっています。

「まほうの音楽」の学習では、楽器の音を鳴らして響きの長さや音色の違いに気付きました。「この音は面白い」と、実感を伴いながらたくさんの発見を発表してくれました。

「声で**音楽づくり**」の学習では、掛け声やささやき声、擬音語などさまざまな声の特徴を的確に捉えて表現しました。「この声は面白い」と、実感を伴いながらたくさんの発見を発表してくれました。

リコーダーの学習に、興味をもって取り組むことができました。難しい指使いが増えてくるとくじけそうになることもありましたが、良い**演奏**を目指して少しずつレベルアップしています。

歌唱「ふじ山」で旋律を歌うことに苦手意識があるようでしたが、タブレット端末を使って楽譜の音符を指で追い、音の高さを確認しながら歌うことで自信をもって歌うことができました。

◆「思考・判断・表現」に関わる文例

歌詞の意味を考えて歌唱／自分の考えを発表／曲の特徴や良さに関して自分の考えをもてる／曲を聞いて自分の気持ちを表現

デジタルコンテンツを活用し、楽譜を見ながら歌うことができました。歌い方の工夫についても自分の考えを書き込んでいます。言葉や文字で伝えるだけでなく、声を合わせて歌う際に実践しました。

演奏の動画を見たり、複数の演奏を聴き、曲の特徴や良さに関して自分の考えをもつことができています。曲を聴き、どのような気持ちになったかを積極的に表現し、発表することができました。

「春の小川」では、曲の歌詞から特徴を感じ取り、自ら考えて表現を工夫することができました。自分の考えを言葉でも友達に発信することができています。

自分の歌声だけでなく、友達の歌声や伴奏を聴きながら歌うことができています。**音楽会の練習のときにも伴奏の響きの中に自分の歌声を混ぜるような歌い方**ができていました。

CD の範唱を聴き、楽譜を見ながら歌うことができました。歌い方の工夫についても自分の考えをよく発言しています。言葉で伝えるだけでなく、声を合わせて歌う際に実践しました。

CD の**演奏**を聴き、曲の特徴や良さに関して自分の考えをもつことができています。曲を聴き、自分がどのような気持ちになったかを積極的に表現し、発表することができました。

旋律づくりの学習では、友達が作った旋律を動画に撮って繰り返し聴いている姿が印象的でした。友達のアイデアもヒントにしながら、少しずつ自分の思いを表現できるようになってきました。

◆「主体的に学習に取り組む態度」に関わる文例

特性キーワード 表情豊かに歌唱／教師や周囲の友達に積極的に質問／友達と協力して楽しく演奏
／試行錯誤をしながら歌唱・演奏

歌唱の学習では、いつも表情豊かに、楽しそうに伸びやかな歌声を響かせています。友達と声を合わせて歌うことの喜びを噛みしめている様子がうかがえます。

リコーダーの演奏の際に、分からない指使いがあるときにはタブレット端末を使って確かめていました。きちんと演奏できるように、主体的に頑張る姿が見受けられました。

グループ活動では、グループの友達と意見を出し合い、試行錯誤を繰り返しながら自分たちの**演奏**を高めていく姿がありました。練習も発表会本番も、友達と協力して楽しく演奏していました。

自然で無理のない歌い方で「歌おう声高く」を歌うことができています。友達の歌声を聴きながら歌うことを心掛け、発声や歌詞を意識した歌い方も見つけることができました。

リコーダーの演奏に苦手意識があるようで、**6年生を送る会**の発表の際、自信がないと話しました。励ますと、友達に教えてもらいながら、楽しんで取り組もうとする姿勢が見られました。

常に無理のない歌い方で歌うことができています。発声や発音にも注意し、日本語の大切さに気付きました。歌詞を意識した歌い方も見つけることができました。

リコーダーの演奏について当初、楽器を使った活動の際に「自信がない」と話していました。学期の途中からは自ら友達に教えてもらいながら、懸命に周りに合わせようとする姿勢が見られました。

3 「学習面の特性」に関わる文例
（6）図画工作に関わる所見文

◆「知識・技能」に関わる文例

特性キーワード 金槌を上手に使用／のこぎりを適切に使用／絵の具の使い方が巧み／素材の特徴を生かして創作／失敗を糧に創作

「くぎうちトントン」では金槌の使い方に慣れ、木切れに大きさの違う釘をたくさん打って、形の変化を楽しむ姿が見られました。打ち付けた木を動かせるように工夫し、クラスの手本となりました。

「のこぎりひいてザク、ザク、ザク」では、QR コードを活用して動画で使い方を予習してきました。のこぎりなどの使い方をマスターし、角材の形の組み合わせを楽しみました。

「にじんで広がる色の世界」では水彩絵の具や筆の扱い方に慣れ、にじみを楽しんでいました。垂らす絵の具の水の量と色の組み合わせがポイントだと気付き、淡く優しい色を好んで使っていました。

「クミクミックス」では、段ボールカッターを上手に使っていました。手や体をいっぱい働かせて、組み合わせたり、形を変えたりして体験から学び、友達とさまざまな工夫を楽しんでいました。

「でこぼこさん大集合」では、緩衝材やレースの模様をうまく生かした版を作ることができました。今までの経験を生かし、写すたびに色や向きを変えて、動きのある写し方をすることができました。

「土でかく」では、土で作った絵の具で土の感触を味わいながら、指や手で伸び伸びと描く姿が見られました。土にもさまざまな色があることに気付き、色の濃淡を作品に生かしていました。

「絵の具と水のハーモニー」では、筆に含ませる水の量を加減するのにタオルを使うことをアドバイスすると、すぐにコツをつかみ、表現に生かし、筆で描くことを楽しんでいました。

「切ってかき出しくっつけて」では、最初は用具を使わず活動していました。切り糸やかきべらを使いこなしている友達の作品の良さに気付き、用具を使う楽しさを味わうことができました。

「クリスタルアニマル」では、ペットボトルの切断や接着剤の扱いに苦戦していましたが、少しずつコツや量が分かり、最後まで作り上げました。鑑賞用に校庭の好きな場所で写真を撮っていました。

◆「思考・判断・表現」に関わる文例

特性キーワード 豊かな発想を作品づくりに生かす／夢や願いを表現に生かす／身近な材料を生かして表現／友達と発想を刺激し合いながら創作

「くるくるランド」では、作品を回転させる様子をコマ撮りで撮影し、アニメーションで鑑賞しました。友達の作品の発想の面白さと撮影の工夫による面白さに気付き、振り返りに書いていました。

「ふき上がる風にのせて」では、袋に空気を入れて飛ぶ様子から、宇宙船をイメージしていました。何度も動きを試しながら、中に自分を入れたり、カラフルな飾りをつけたり、発想が広がりました。

「ふしぎな乗りもの」では、大好きな野球のバットに乗って、自分が活躍している未来へ飛んでいくお話を思いつきました。夢や願いを表現に込め、ペンを使って迷いなく夢中で描いていました。

「ふくろの中には、何が…」では、豊かな想像力で、大きさの違う袋を二つ重ねて袋の中の世界を広げていました。キャンプに行った経験から自然にある身近な材料をうまく生かして表現できました。

「生まれかわったなかまたち」では、材料の色や形の特徴をよく捉え、あっという間に手袋や帽子が変身しました。飾り方にもこだわり、飛んでいるようにひもでつる方法を思いつきました。

「あみあみ大さくせん」では、秘密基地から迷路、町へと時間とともに変化する様子をタブレット端末のタイムラプス機能で撮影しながら、網の特性を生かして活動を楽しみました。

「光サンドイッチ」では、人とは違う色にしようと色セロハンを重ね、何度も光にかざして色の表れ方を試していました。最終的に、色の組み合わせが幻想的で美しい作品に仕上がりました。

「ゴムゴムパワー」では、**ゴム**で動く仕組みを理解するために自分の作品と教科書の見本を比べながら、何度も何度も粘り強く試す姿が見られました。うまく動いたときはとてもうれしそうでした。

「ひらいて広がるふしぎなせかい」では、鑑賞で友達の作品を開いたり閉じたりして作品の造形的な良さや面白さを感じ取り、自分の作品の見方・考え方に生かすことができました。

◆「主体的に学習に取り組む態度」に関わる文例

**特性
キーワード** 夢中になって創作／友達の作品に興味関心／試行錯誤をして創作／仲間と力を合わせて生き生きと創作

「集めて、ならべてマイコレクション」では、学習の見通しをもち、手触りの良さにこだわり、自然の材料集めに取り組みました。友達と感じ方や表す工夫を伝え合う中で、作品の見方を深めました。

「さわってわくわく」では、触り心地の良い材料をたくさん集め、組合せを考え活動していました。友達の作品に興味をもち、感触を生かした表現の良さを振り返りカードに書くことができました。

「つかってたのしいカラフルねん土」では、キャンディー入れを夢中になって作っていました。思い通りの色の粘土を作り、組合せてでき上がった作品についてうれしそうに語っていました。

「ペタパタひらくと」では、開いた段ボールに、友達と協力してローラーやスタンプで模様をつけて楽しんでいました。立てると宇宙のようだという見方を共有し、組み立て方を工夫していました。

「へん身だんボール」にとても意欲的に取り組みました。振り返りカードには、顔の穴の位置を何度も調整して成功したことや、歩きやすく関節に切り込みを入れたことなどの工夫が書かれていました。

「みんなでオン・ステージ」では、グループの友達それぞれの楽器や衣装の良さに気付き、それを生かした発表にする方法を先頭に立って考え、話し合っていました。笑顔あふれる発表になりました。

「トントンくぎ打ち、コンコンビー玉」では、友達とビー玉の転がり方を試すうちに楽しくなり、**ゴムやビーズ**を飾り、苦手意識のあったくぎ打ちも、友達と助け合いながら取り組めました。

「ねん土マイタウン」では当初、高いタワーを作って満足していました。同じ班の子に「みんなでつなげよう」と言われて橋や遊園地を作ることを思いつき、最後まで夢中になって取り組みました。

「空き容器のへんしん」では、活動に入る前に Web 上で作品を鑑賞し、作りたい物や用意する材料を一緒に考えました。いつもの悩む姿は見られず、夢中になって作品づくりに取り組みました。

「ぬのをつないで」では、ジャングルジムのチームの活動の様子を見てからスイッチが入ったようでした。布が光に透ける感じや風になびく様子を楽しみながら、生き生きと活動していました。

3 「学習面の特性」に関わる文例
（7）**体育に関わる**所見文

◆ 「知識・技能」に関わる文例

特性キーワード なわとびの技能が向上／ボールゲームで活躍／運動・食事・睡眠などの重要性を認識／健康と生活環境の関係性を理解

体育の「**なわとび**」では、毎日一生懸命練習に励んだことで、二重跳びが100回を超えるようになりました。友達の前で二重跳びの発表を行い、誇らしげな表情でした。

体育の「**プレルボール**」では、味方がパスを取りやすいようにボールを床に強く叩きつけてなるべく高くバウンドさせるなど、ボールコントロールが上手にできていました。

体育の「ポートボール」ではガードマンとなり、ゴールに入れさせまいと高くジャンプをして、何回もボールを弾くことができました。点を取られないよう一生懸命頑張る姿が立派でした。

体育の「**鉄棒運動**」では、「だるま回り」に挑戦しました。肘の下と腹部で上手に鉄棒を支え、小さく回転をすることで、何回も回転することができました。

運動会で行った「ロックソーラン」では、力強く腰を落としたり、指先まで伸ばしてその方向を見たりするなどダイナミックな演技を行い、友達の手本となりました。

保健の学習で行った「かけがえのない健康」では、健康の状態によって意欲も向上することを理解できました。健康な状態を保つためには1日の生活の仕方が重要であることにも気付きました。

保健の学習で行った「1日の生活の仕方」では、運動や食事、休養、睡眠をとることが重要であることを理解できました。今後の自分の生活について考える良いきっかけにもなりました。

保健の「身の回りの環境」では、健康には生活環境が大きく関わっていることを理解することができました。冬場に空気の入れ換えをする理由にも気付くことができました。

体育で行った「**ティーボール**」では、ボールをよく見てバットを力強く振り、遠くへ飛ばすことができました。守備では、飛んできたボールを優しく包み込むようにキャッチできていました。

体育の「**ラインサッカー**」では、ボールを持っていないときに何をしていいか分からない様子が見られましたが、ゴールの方へ走ることが得点につながることに気付き、動きが良くなりました。

体育の「**水泳運動**」では、水への恐怖心を克服するため、「だるま浮き」や「伏し浮き」などの、浮き技を中心に行いました。少しずつ体の力が抜けていくことで、水に慣れることができました。

体育の「マット運動」では、最初は前転に苦手意識がありましたが、ゆりかごなどの体を揺らす動きを行ったり、マットで坂道を作って転がったりしたことで、滑らかに回転できるようになりました。

◆「思考・判断・表現」に関わる文例

よく考えて運動／リレーでバトンの受け渡し方法を工夫／ハードルの効率的な跳び方を思考／ボールゲームで攻撃・防御方法を工夫

体育の「マット運動」では、滑らかな回転の前転を目指しました。体を丸めながら首の後ろをマットにつけることを意識すると回転が滑らかになることに気付き、実践していました。

体育の「跳び箱」では、開脚跳びができるように努力しました。段や縦横を変えた場所を用意し、自分が跳べる段や向きをよく考えて場を選び、少しずつ跳び越えられるようになりました。

体育の「プレルボール」では、どこに打ちこんだら点が取れるかをよく考えていました。人がいないところに打ち込むと相手チームが取りづらいことに気付き、得点を重ねていました。

体育の「ティーボール」では、ロングヒットを打つためには守備が少ない所に打てばよいことに気付き、チームの友達にも教えてあげることで、点数を重ねることができました。

体育の「水泳運動」では「け伸びバタ足」に挑戦しました。バタ足を大きく大腿部から動かすことを意識するよう指導すると、スムーズに進むことに気付き、実践することができました。

体育の「タグラグビー」の際に行った「タグ鬼ごっこ」では、自分のタグを取られずに相手のタグを取るには、素早く後ろに回り込めばよいことに気付き、何回も挑戦していました。

体育の「周回リレー」では、タイムを縮めるためにバトンパスの練習をしました。すぐに走り出せるだけのリードをとり、走りながらもらうことを意識することで、タイムを縮めることができました。

体育の「**鉄棒運動**」では、学習カードに書いてある技のポイントをよく見てから、かかえ込み前回りに挑戦しました。頭の振りが重要であることに気が付き、遠心力を利用して回転していました。

体育の「**小型ハードル走**」では、小型ハードル同士の間隔を特に決めずに置いていましたが、なるべく同じ歩数で走ることのメリットを学び、置き方を工夫することができました。

寝る時間が遅くなりがちだと心配されていましたが、**保健の「健康な生活」**を学習した際、睡眠が元気な体をつくる大きな要素の一つだと知り、今後の生活で気を付けたいと考えることができました。

体育の「**タグラグビー**」では、最初はタグをすぐに取られたものの、ボールを持ったらゴールに向かいながら周囲を気にするように意識したところ、取られる回数が減りました。

◆「主体的に学習に取り組む態度」に関わる文例

特性キーワード 朝の自主マラソンに参加／安全を意識して活動／運動が苦手な友達にアドバイス／表現活動に楽しそうに参加

持久走大会に向けて、朝の自主マラソンに積極的に参加し、昨年よりも順位を上げるよう努力していました。持久走大会本番ではその成果が実り、本人も満足のいく結果を出すことができました。

体育の「**高跳び**」では、自分に合った助走の歩数が何歩なのか、何回も繰り返し試したり、助走のスタート位置を変えたりするなど、意欲的に取り組むことができました。

体育の「**ラインサッカー**」では、準備を素早く行い、活動できる時間を確保しようという気持ちが見られました。協力して道具を運ぶなど、安全にも気を付けて活動できました。

体育の「**ポートボール**」では、重いポートボール台を率先して運んでいました。一人で持てそうにない友達には、一緒に手伝ってあげる優しさも見られました。

体育の「跳び箱」では、跳ぶのが苦手な友達に跳び方のコツをすすんでアドバイスできました。友達が跳べるようになると、一緒に喜んでいる姿が見られました。

体育の「水泳運動」では、**着替え**を素早く行って並ぶ姿からも、意欲の高さが感じられました。**授業**の中でも真剣に耳を傾け、命を守る水泳の意味を考えることができました。

保健の「健康な生活」では、毎日の自信の生活を振り返り、リズムのある生活の工夫を考え、自分が望ましいと思う生活について実践するよう努力していました。

保健の学習で行った「1日の生活の仕方」では、自分の生活についてしっかりと思い返し、これからの健康のために、すすんで自分の生活の仕方を考えることができました。

体育の「表現運動」では、忍者になりきり縦横無尽に動き回りました。自分なりに動きを工夫し、面白い動きを友達に紹介し、一緒に楽しく表現することができました。

体育の「ティーボール」では、「打つ」と「走る」の組み合わせが難しかったものの、動きをセットにしたタスクゲームを行うことで、徐々に組み合わせてできるようになりました。

体育の「鉄棒」では、最初は苦手意識があったようですが、鉄棒の下にマットがあり安心だということが分かると、少しずつ意欲的に取り組むことができるようになりました。

3 「学習面の特性」に関わる文例

（8）特別活動に関わる所見文

◆「知識・技能」に関わる文例

> **特性キーワード** 友達が気付かないような所も掃除／校外学習でインタビュー／見やすく丁寧に板書／みんなの前での発表を繰り返し練習

「○組の楽しい思い出をつくりたい」と「なかよし集会しよう」を提案しました。みんなの得意・不得意を考えて「全員で楽しめる遊びを決めよう」とクラスのことを考えた発言はとても立派でした。

良いと思うことはすすんで行い、廊下や水飲み場にこぼれている水を見つけると積極的に拭き取っていました。常に周りの人のことを考えて行動する姿勢は大変立派です。

掃除当番のほうき担当として、友達が気付かないような隅の方や、オルガンの裏、テレビ台の下などを丁寧に掃き、ごみを残さないように気を付けながら**掃除**する姿が見られました。

消防署見学では、グループのリーダーとして熱心に質問する姿が見られました。また、「○○ですか？」と、正しい言葉を使って聞くことができ、みんなの良き手本となりました。

電気係として、朝、帰り、移動教室と、自覚をもって仕事に取り組みました。遅れて作業をしている友達がいると、電気を消さずに待っていてくれる心遣いも見られました。

予定黒板を記入する**連絡係**になりました。字を書くことに自信をもてずにいましたが、教科カードを貼るという工夫を思いつき、作ったカードを褒めてもらい、うれしそうにする様子が印象的でした。

学級会では、司会を務めました。みんなの前で話すことに苦手意識がありましたが、間違えないようにメモをしたり、何度も練習したりするなど、努力する姿が見られました。

◆ 「思考・判断・表現」に関わる文例

特性キーワード さまざまなことによく気付く／よく考えて活動／友達と声を掛け合いながら協力して活動／試行錯誤しながら掃除

> **給食リーダー**として、きれいな片付け方を全員に知らせる方法を考えました。きれいに片付けられている状態をタブレット端末で撮影・共有するなど、誰にでも分かる工夫をすることができました。

> 「クラスの歌を作ろう」の**計画委員**として、積極的に活動しました。グループ分けを掲示して全員が作詞に参加できるようにしたり、進み具合を確認する声掛けをしたりと、工夫して取り組みました。

> いつも周りの様子をよく見て、さまざまなことに気付き、人手が足りないときには自分が**当番**でなくても、手伝えることはないかと考えてすすんで仕事をする様子が見られました。

> **飾り係**として、みんなのために何ができるのかを考え、教室の掲示板に**折り紙**や飾りを作って貼り、雰囲気を明るくするなど、自分の特技を生かして活躍しました。

> **学級会**で司会を務めたときは、円滑に話し合いが進むように気を配り、みんなをリードしました。友達の意見をしっかり聞いて、たくさんの意見をまとめていくのが上手でした。

> **黒板係**として、友達と声を掛け合いながら意欲的に仕事に取り組みました。きれいな黒板にするにはどうしたらいいかを考え、さまざまな方法を試しながらきれいに仕上げる姿に感心しました。

> 嫌いな物が出るからと**給食**中はいつもうつむきがちでしたが、「バランスの良い食事」の学習で栄養士の話を聞いてからは、一口でも食べようと努力する様子が見られ始めました。

> **学級会**では、自分の思いだけを主張してしまうことがありましたが、きちんと理由や根拠を明らかにしながら説明したり、友達の意見にも耳を傾けたりすることができるようになってきました。

◆「主体的に学習に取り組む態度」に関わる文例

 特性キーワード 係活動に熱心に取り組む／発表会に向けて一生懸命練習／当番にコツコツと真面目に取り組む／自分の役割をしっかりと自覚

> **係活動**コーナーに、定期的にお知らせや予告を貼るなど意欲的に活動しました。次を楽しみにするみんなの様子を見ながら、楽しそうに新聞づくりをする姿が印象的でした。

> **学級会**では、いつも積極的に手を上げて発表しています。提案理由やめあてを意識した発言は、みんなを納得させることができます。また、他の意見の良いところを考えながら聞く様子も立派です。

> **ニュース係**として、**休み時間に熱心に情報集め**をしました。**給食の時間**や帰りの会で発表し、**クイズやランキング形式**にするなど変化をつけて、みんなを楽しませていました。

> **読み聞かせ係**として、みんなが読んだことがないような本を中心に選び、事前に何度も練習する姿が見られました。読み聞かせ本番では、練習の成果が発揮されとても聞きやすかったです。

> **全校集会**の学年の発表では、自分たちで役割分担を決めた後に率先して練習を始め、もっと良い言葉になるようにアドバイスを伝え合うなど、意欲的に取り組みました。

> **日直や給食当番**の活動に、コツコツと真面目に取り組みました。みんなが気持ち良く学校生活を送るために、規則やクラスのルールを守って行動する態度が素晴らしいです。

> **登校**すると友達とのおしゃべりに夢中になり、**当番の仕事ができない**こともありましたが、登校後の時間の使い方を工夫することで、余裕をもって**当番活動に取り組める**ようになってきました。

> **係活動の仕事**を忘れずに取り組めるように、声を掛け続けました。自分の仕事を自覚し始め、少しずつ自分から手紙を取りに行く姿が見られるようになりました。

「特別の教科 道徳」
「外国語活動」
「総合的な学習の時間」
の所見で使える文例

●

このPARTでは、「特別の教科 道徳」「外国語活動」「総合的な学習の時間」の所見で使える文例を紹介します。

1 「特別の教科道徳」の文例

特性
キーワード

正しいこと・正しくないことを判断／協力し合うことの大切さを理解／相手の気持ちを理解／家族を大切にする／自然を大切にする／ルールの意味を理解／努力することの大切さを理解／ルールや約束を守る／コミュニケーションの大切さを理解

「よわむし太郎」の学習では、自ら信じることにしたがって正しいことを行ったときの充実した気持ちを考え、正しいことや正しくないことについて判断することができました。

「自分をコントロール」の学習では、正しいことや正しくないことを自らコントロールすることの大切さを友達と話し合いながら考え、より良い判断が自分にもできることに気付くことができました。

「えがおいっぱい」の学習では、「助け合うことや人が嫌がることをしないことが大切だ」と記述し、学級目標の意味を改めて考え、それを実現させようとする意欲を高めることができました。

「百六さい、おめでとう、ひいばあちゃん」の学習では、「そうじやりょうりなどのお手伝いがしたい」と記述し、協力し合って楽しく家族で過ごすことの大切さに気付くことができました。

「日曜日の公園で」の学習では自分の経験を振り返り、人によってさまざまな感じ方があることに気付き、相手の気持ちを受け止めることの大切さについて考えを深めることができました。

「悪いのはわたしじゃない」の学習では、自分の経験から登場人物の思いを学級全体で話し合い、誰に対しても分け隔てなく接することの大切さについて深く考えることができました。

「とおるさんのゆめ」の学習では、自分の良さを伝え合う活動を通して、知らなかった自分の良さに気付き、自分らしさを大切にして生きていくことの素晴らしさを感じ取ることができました。

「わたしの妹かな」の学習では、登場人物の考えに共感しつつ自分の経験に照らし合わせて考え、家族のために働くことの大切さについて自分の考えを深めることができました。

「ヤゴのきゅうしゅつ大作戦」の学習では、学校にいるヤゴを救出する取り組みについて学級全体で話し合い、身近な**生き物**を大切にして、自然を守っていこうとする意欲を高めることができました。

「わたしたちの『わ』」の学習では、優しくしたり親切にしたりするためには、相手のことを理解することが最も大切だと気付き、自分の考えをまとめることができました。

「ドッジボール大会」の学習では、登場人物の思いを学級全体で話し合い、男女関係なく誰に対しても分け隔てなく接することについて自分の考えをまとめ、考えを深めることができました。

「新聞係」の学習では、どうしてルールがあるのかについて考え、「みんなが嫌な気持ちにならないようにルールがある」と発言し、ルールを大切にすることへの意識を高めることができました。

「自分をコントロール」の学習では、正しいことを自信をもって行うことについて考え、「いじめてる人をみたら、自信をもって注意する」と記述し、正義への意識を高めることができました。

「楽しめばすきになる」の学習では、コツコツと取り組むことの大切さについて考え、「**漢字**を頑張ったら100点をとれてうれしい」と記述し、努力することの大切さに気付くことができました。

「ロバを売りに行く親子」の学習では、人の意見を聞くことの大切さのほかに、自分で考えて行動することの大切さも理解し、人としてより良く生きるためにどうすればよいかを深く考えました。

「たっ球は四人まで」の学習では、友達とは「相手の気持ちを考えて、助け合える友だち」と記述し、友達と良い関係を築くことの大切さについて考えを深めることができました。

「音のこうずい」の学習では、約束や決まりを守らないと、周りの人に迷惑が掛かることに気付き、約束やルールをしっかりと守っていこうとする考えをもつことができました。

「三本のかさ」の学習では、「ていねいな言葉をつかったり、人には親切にしたりする」と記述し、礼儀の大切さや真心をこめて行動することの良さに気付くことができました。

「百六さい、おめでとう、ひいばあちゃん」の学習では、「みんなを笑顔にしたり、家族のためにすすんでお手伝いをする」と記述し、家族の中での自分の役割について考えました。

「きまりのない国」の学習では、「きまりがなければ、自由がない」と記述し、自分たちの生活が決まりによって守られていることに気付き、決まりの大切さについて考えを深めることができました。

「まどガラスと魚」の学習では、正直に生きることの快適さを考え、正直であるからこそ、明るい心で伸び伸びとした生活が実現できることに気付き、自分なりの考えをまとめることができました。

「あなたならできる」の学習では、自分でできることは自分で行うことの大切さを考え、友達と話し合いながら、節度ある生活の良さについて自分の考えをまとめることができました。

「気づく心」の学習では、思いやりは困っている人に気付くことから始まることについて話し合い、気付ける心が自分にもあることを知り、思いやりの心を豊かにすることの大切さに気付きました。

「いきたれいぎ」の学習では、マナーの大切さについて学級全体で話し合いながら、誰に対しても真心をもって接することがみんなを幸せにすると気付き、自分の考えをまとめることができました。

「友だち屋」の学習では、友達とのより良い関係性について学級全体で話し合い、友達づくりにおいては互いに理解し、信頼し、助け合うことが大切だと気付くことができました。

「貝がら」の学習では、友達をつくることの大切さを考え、友達をつくるときは、互いによく理解し合おうとする心のつながりが重要であると自分の考えをまとめることができました。

「ぴっかぴか」の学習では、身の回りの生活の中で集団の一員としてできることについて考え、みんなのために働くことで楽しさや喜びを味わえることに気付くことができました。

「エイサーの心」の学習では、沖縄の人がエイサーを大切に思う心について話し合い、自分たちが住んでいる地域にも同じように素晴らしい伝統があることを知り、大切にしようと考えました。

「いつかオーストラリアへ」の学習では、他国の文化との共通点や相違点を話し合い、外国にも日本と同じように独自の文化があることに気付き、他国の文化に興味関心を深めることができました。

「花さき山」の学習では、人の心の気高さを感じ取る心が自分にあることに気付き、素直に感動する心を高めていこうとすることを自分のこととして考えることができました。

「花さき山」の学習では、花を咲かせられる人について学級全体で話し合い、人の心の気高さを感じ取り、素直に感動する心を高めていこうとする意欲をもつことができました。

「今度はぼくの番かな」の学習では、ちょっとしたことですれ違う友達関係の改善策を話し合い、相手に理解されるようにコミュニケーションを取ることの大切さに気付くことができました。

「公園のひみつ」の学習では、自分の生活を支えてくれる人の思いを話し合い、自分も多くの人に支えられていることを感じ取り、尊敬と感謝の念をもつことの大切さに気付くことができました。

「係の仕事に取り組むときに」の学習では、自分ができる仕事について話し合い、みんなのためにすすんで働くことの意味を考え、働くことで自分を成長させられることに気付くことができました。

「世の中のために」の学習では、目標を実現するための強い意志について
考え、今より良くなりたいという願い、努力しようとする姿について、
自分の考えを深めることができました。

「心のこもった給食」の学習では、給食を作る人の思いについて話し合い、
自分たちが毎日食べている給食も多くの人々によって作られていること
に気付き、尊敬と感謝の念をもつことができました。

「昔からの味をつたえる野菜」の学習では、地域にある伝統野菜を知り、
その食材の魅力について考え、地域の生活や環境などの特色を話し合い、
郷土の素晴らしさに気付くことができました。

道徳科の学習では、道徳的な問題を自分自身の問題としてすすんで考え
ることができました。また、友達との話し合いを通して考えを広げ、よ
り良い自分になりたいと意欲を高めることができました。

2 「外国語活動」の文例

◆ 「知識・技能」に関わる文例

特性キーワード アルファベットの読み方を理解／英数字の表現を理解／さまざまな単語を理解／基本的な英語表現を理解／外国の言語や文化を理解

「How are you? What's your name?」の学習では、相手に伝わるような工
夫を加えて自己紹介をし、友達や ALT にあいさつをすることができま
した。

「Do you like〜?」の学習では、相手に好きなものを尋ねたり、「I like〜」
を使って自分の好きなものを答えたりする表現を理解し、友達や ALT
と尋ね合うことができました。

「What's this?」の学習では、タブレット端末上の写真を使いながら、身の
回りの物の言い方やある物が何かを尋ねたり答えたりすることができま
した。

「Do you like soccer?」の学習では、好きなスポーツを尋ね合う中で「Do you like〜？」「I like〜」の表現を使うことができました。

「I study Japanese」の学習では、時間割について尋ねたり答えたりする活動を通して、曜日の言い方について適切に伝えることができました。

「ALPHABET」の学習では、活字体の大文字の読み方を理解し、身の回りの活字体で表されたものや自分の姓名の頭文字を伝え、相手の言ったアルファベットを聞き取ることができました。

「How many?」の学習では、1〜20までの数字の言い方をタブレット端末上の数字カードを使って理解し、ゲームの中で友達に数字を適切に伝えたり、聞き取ったりすることができました。

「Body parts」の学習では、体や顔の部分の言い方を理解し、相手が伝えようとしていることを聞き取り、その部分をタッチするなどして反応することができました。

「What animal do you like?」の学習では、動物を表す単語の言い方を理解し、友達にどの動物が好きかを尋ねたり答えたりすることができました。

「I like apples」の学習では、相手に好きな物を尋ねたり、「I like〜」を使って自分の好きなものを伝えるビンゴゲームの中で、表現に慣れ親しむことができました。

「What's this?」の学習では、ビンゴゲームを通して身の回りの物についての言い方を英語で友達に尋ねたり答えたりしながら、表現に慣れ親しむことができました。

「ALPHABET」の学習では、身の回りの活字体で表されたものや自分の姓名の頭文字がアルファベットで表されることを知り、慣れ親しむことができました。

「Number」の学習では、「How many〜?」を使ったやり取りの中で、相手の言った数字を聞き取るなどして、英数字の言い方に慣れ親しむことができました。

◆「思考・判断・表現」に関わる文例

特性キーワード 表現を工夫して自己紹介／積極的にコミュニケーション／ALTをまねして発音／適切な表現を選んで会話

「I'm happy」の学習では、調子を伝えるときに、相手に伝わりやすいよう自分の調子に合わせたジェスチャーを交えながら、友達やALTとコミュニケーションを図ることができました。

「What do you like?」の学習では、果物や色、食べ物など、ジャンルに合わせてタブレット端末のカードから質問を選び、適切な表現で尋ねたり答えたりすることができました。

「What's this?」の学習では、外来語とそれが由来する英語の違いに気付き、身の回りのものやあるものを尋ねたり答えたりする表現を活動の中で適切に使うことができました。

「Do you like soccer?」の学習では、日本と外国のスポーツの言い方の似ているところや違うところに気付き、スポーツの発祥地などにも興味をもつことができました。

「I study Japanes」の学習では、曜日や教科の言い方に慣れ親しみながら、外国の小学校と日本の小学校の同じところや違うところについて考えることができました。

「ALPHABET」の学習を通して、自分が多くのアルファベットの文字に囲まれて生活していることに気付き、その読み方に慣れ親しむことができました。

「Number」の学習では、日本と外国の数の数え方の違いに興味をもち、いろいろなものについて幾つあるかを尋ねたり答えたりして慣れ親しむことができました。

「Body parts」の学習では、体や顔の部分の言い方が日本語とは違うことに気付き、動物や他の生き物の体の言い方にも興味をもつことができました。

「What animal do you like?」の学習では、タブレット端末にあるのヒントカードを使って、3ヒント**クイズ**に出す色や形などを工夫し、問題を作ることができました。

「How are you? What's your name?」の学習では、相手に伝わりやすい自己紹介になるように何を紹介するかを教科書の例から自分で選び、あいさつができました。

「What do you like?」の学習では、果物や色、食べ物など、ジャンルに合わせてデジタル教科書を参考にしながら質問を変え、適切な表現を選んで尋ねたり答えたりできました。

◆ 「主体的に学習に取り組む態度」に関わる文例

特性キーワード 意欲的に活動／積極的に ALT や友達に質問／楽しみながらコミュニケーション／外国の言語・文化を理解しようとしている

「What's this?」の学習で行った身の回りの物の名前を当てる**クイズ**大会では、ALT からのヒントをもとに答えを考え、何度も回答にチャレンジするなど、積極的に活動しました。

「Hello」の単元では、自己紹介をして名刺を交換するゲームの際に、積極的に友達や ALT に英語で質問をするなどして、コミュニケーションを楽しんでいました。

「Do you like〜?」の学習では、相手の答えに興味をもって質問をし、自分のことを伝える楽しさを味わいながら、積極的にコミュニケーションを取っていました。

「What's this?」の学習では、相手に伝わるような工夫をしながら、動物や野菜に関する**クイズ**を出したり答えたりすることを楽しんでいました。

「Do you like soccer?」の学習では、好きなスポーツを積極的に尋ね合い、友達やALTの好きなスポーツにも興味を示し、やり取りを楽しんでいました。

「What do you want?」の学習では、相手に配慮をしながら、欲しいものを英語で伝え合うことの楽しさを感じ、自分のオリジナルメニューを作ることを楽しんでいました。

「ALPHABET」の学習では、身の回りにある活字体（大文字）を学校内外で探し、タブレット端末で写真を撮ってきたものを友達と共有しながら何度も発話し、積極的に活動しました。

「Number」の学習では、1〜20の数字を使って英数字の言い方に慣れ親しみ、友達やALTとのコミュニケーションの中で積極的に使おうとしていました。

「Body parts」の学習では、体や顔の部分の言い方を知り、相手に指示をしたり、指示を聞いて動いたりする活動を通して、積極的にコミュニケーションを図っていました。

「What do you like?」の学習では、仲の良い友達の好きなものについて教科書の例文を参考にしながら質問をし、自分のことを伝えながらコミュニケーションを取っていました。

「I study Japanese」の学習では教科書やタブレット端末上のカードを参考にし、友達と協力しながら自分のペースで時間割を作成することができました。

「ALPHABET」の学習では、身の回りにある活字体（大文字）を友達と協力しながら見つけ、その読み方をALTのまねをしながら、発音しようとしていました。

3 「総合的な学習の時間」の文例

◆「知識・技能」に関わる文例

> **特性キーワード**　地域の人と交流・対話／地域の課題を理解／プロの技能や心構えを理解／植物の成長を観察・記録／動植物の生育環境を理解

「町音頭」では、音頭の先生と活動する中で、音頭の魅力と町の発展に寄与する方々の思いを理解しました。音頭を通して町を盛り上げようという目標を持ち、課題解決に向かう力が付きました。

「地域防災」では、地域の消防団や町内会の方々と対話をしました。地域には高齢化や交通問題などさまざまな課題があることを知り、地域防災の重要性を深く理解しました。

「町写真展」では、プロのカメラマンから撮影方法や心構えを学び、町の写真を撮影しました。撮影した画像をアプリを使って試行錯誤しながら編集し、町の魅力が伝わる写真を発表しました。

「学校植物マップ」では、マップの作成に向けて校内**植物**の記録を取りました。タブレット端末に保存した写真を比較しながら説明し、身近な自然環境の変化を分かりやすく伝えることができました。

「折り紙」では、ケアプラザで高齢者の方々との交流を楽しみました。地域には多様な年齢・立場の人が生活していることを知り、**折り紙**で地域に笑顔を増やしたいとの願いをもって活動できました。

「梅」では、校内にある実のなる木に興味をもちました。インターネットを利用した調べ学習から、人間社会はさまざまな**植物**の実を食生活に生かしてきた文化があることを理解しました。

「ニュースポーツ」では、高齢者や障がい者の方々との交流会を通して、温かい気持ちで接することの大切さに気付きました。多様な人との関わりから、相手のことを考えて行動する力が育ちました。

「昆虫」では、昆虫が生息しやすい環境は、**植物**が育ちやすく、人も住みやすい環境であることを知りました。町の方との対話から、昆虫の減少や今と昔の環境の変化に気付くことができました。

「町の川」では、川をきれいにしたいという目標をもち、区役所や土木事務所の方々と積極的に対話をしました。町づくりのために、保全や改修などの取り組みが行われていることも理解しました。

「町音頭」では当初、町内会の方との音頭交流会で踊ることに抵抗がありましたが、音頭づくりの活動を通して、町の魅力や協力する大切さに気付き、徐々に踊ることができるようになりました。

「学校植物マップ」では、マップの作成に向けて、校内の植物の記録を取りました。記録を何度も見返すことで、季節によって校内の自然環境が変わることに気付けました。

「ニュースポーツ」では、高齢者や障がい者との交流会でボッチャに取り組みました。最初は緊張気味でしたが、手助けをするなど、多様な人と接していこうとする態度が見られました。

「昆虫」では当初、後ろ向きな様子も見られましたが、町の方から自然や昆虫が減ってきていることを知った後、自分に何ができるのかを考え、昆虫を守っていこうとしました。

◆「思考・判断・表現」に関わる文例

特性キーワード インタビューの仕方を工夫／見通しをもって情報収集／課題の達成に向けて試行錯誤／展示方法を工夫／課題を捉えて企画

「商店会を盛り上げよう」では、町の方々に**インタビュー**を行いました。インタビューでは、質問の内容によって得られる情報が変わってしまうことに気付き、工夫した質問の仕方が身に付きました。

「町音頭」では、音頭を町の人に広めるためにどんなオリジナル音頭を作成すればよいか、アンケート調査を実施しました。目標の達成に向けて、情報を集める力が育ちました。

「地域防災」では地域の防災意識を高めるための方法を自ら考え、動画を作成してみんなに伝わりやすいように編集しました。自分の目標を達成するための行動力も身に付きました。

「学校植物マップ」では、校内の**植物**に興味をもってもらうために、タブレット端末を活用して写真やコメント付きのすごろくマップを作成しました。工夫しながら取り組む力が育ちました。

「町写真展」では、町の魅力を伝えられる写真展を開くために、事前に実際の写真展を見学して展示方法の工夫を考えました。相手のことを考えて分かりやすく表現する力が育ちました。

「**折り紙**」では、折り紙を使ってどうすれば高齢者と楽しく交流できるかを考えました。事前の交流体験から課題を捉えて、誰もが楽しみながら活動できる交流会の企画を提案できました。

「町の川」では、川のごみ拾い活動を通して、地域の人たちに町の川を好きになってほしいと考え、ウォークイベントを開きました。課題達成のために、人と協働する姿勢が身に付きました。

「ニュースポーツ」では、ケアプラザ交流会で高齢者の方々と楽しむために、ボッチャのルールについて企画を練りました。相手の立場に立ち、気持ちに寄りそう態度が養われました。

「商店会を盛り上げよう」では、知らない人と話をすることに抵抗がありましたが、自分ができるメモ係を担当して、友達と協力して町の人に**インタビュー**することができました。

「町写真展」では、写真の内容について学級で話し合いました。活動をする中で、自分が撮りたい写真ではなく、町の魅力が伝わる写真を撮るべきだと気付くことができました。

「町の川」では、町の川が昔はどうだったのか、祖父母に教えてもらいました。昔のきれいな川に戻すために、自分たちにできることを考え、友達と意見を交流しました。

◆ 「主体的に学習に取り組む態度」に関わる文例

特性キーワード 課題に対して意欲的に活動／積極的に情報収集／楽しみながら活動／町の人と積極的に交流／友達と協力しながら活動

「地域防災」では、地域の安全、防災に対して意識を高めました。防災備蓄庫を見て考えた疑問点をインターネットで調べ、積極的に解決に向かうなど自律的な姿が見られました。

「学校植物マップ」では、課題達成に向けてすすんで校内を調査し、マップの作成に取り組みました。自分で調べたり、解決したりすることの楽しさに気付く態度が養われました。

「町写真展」では、プロのカメラマンから撮影方法や心構えを学びました。撮影の苦労や喜び、やりがいを感じとり、一枚一枚の写真を心を込めて撮影できるようになりました。

「町音頭」では、町の人と仲良くなるために、オリジナルの音頭を作成しました。発表会を何度も開き、オリジナルの音頭を広めようと、町の人に声を掛けながら楽しく踊りました。

「折り紙」では、ケアプラザで高齢者の方々と**折り紙**交流会をしました。自分にできることを考えて活動計画を立て、高齢者の方々との交流を楽しみながら積極的に活動を進めることができました。

「梅」では、さまざまな**植物**の実を食生活に生かしてきた文化について知りました。自身の食生活を振り返り、好き嫌いなく食べることの大切さに気付き、食文化を守ろうとする意欲が高まりました。

「ニュースポーツ」では、特別支援学校の児童との交流会に参加しました。自らすすんで手助けや雰囲気づくりをするなど、思いやりの心が育っている様子が見られました。

「**昆虫**」では、町にもっと昆虫を増やしたいとの願いをもち、人と昆虫に優しい環境づくりに向けてできることを学校や地域に働きかけました。環境について考え、自ら行動する力が育ちました。

「町の川」では、川をきれいにしたいとの目標をもち、ボランティア団体の方々と一緒に、率先して川のごみ拾いをしました。町の人と協働することで、町への愛着が育まれました。

「梅」では、正しい食生活について学びました。当初は、苦手なものは食べたくないと話していましたが、食についての理解が深まるにつれ、**給食を残さずに食べよう**とするようになりました。

「ニュースポーツ」の特別支援学校との交流会では当初、知らない人や立場の違う人との交流に苦手意識がありましたが、手助けや雰囲気づくりなど、自分にできることを見つけて交流しました。

「町の川」では当初、川をきれいにすることにどこか他人任せの気持ちがありましたが、町の人とのごみ拾い活動を通じて、一人一人の協力で町の川が良くなることに気付くことができました。

索 引

児童の「活動内容」「活動場面」「学習内容」から検索いただけます。

執筆者一覧

●編著

小川　拓
（共栄大学准教授／元埼玉県小学校教諭）

1970年、東京都生まれ。私立、埼玉県公立学校教諭・主幹教諭を経て、2015年度より共栄大学教育学部准教授。2007年度から埼玉県内の若手教職員を集めた教育職人技伝道塾「ぷらすわん塾」、2015年より「OGA研修会」（教師即戦力養成講座）等にて、若手指導に当たっている。主な図書に『効果2倍の学級づくり』『できてるつもりの学級経営9つの改善ポイント―ビフォー・アフター方式でよくわかる』『子どもが伸びるポジティブ通知表所見文例集』（いずれも学事出版）他がある。

●文例執筆者（50音順）

井上　　勉（神奈川県横浜市立東台小学校）

井上　博子（埼玉県入間市立狭山小学校教頭）

岩川みやび（共栄大学教育学部准教授）

大澤　　龍（埼玉県和光市立第五小学校）

小畑　康彦（埼玉県さいたま市立大成小学校教頭）

髙橋　健太（在ロシア日本大使館附属モスクワ日本人学校）

髙橋　美穂（埼玉県上尾市立大谷小学校）

竹井　秀文（愛知県名古屋市立楠小学校）

千守　泰貴（静岡県東伊豆町立稲取小学校）

中山　英昭（埼玉県上尾市立東小学校主幹教諭）

原口　一明（元埼玉県公立小学校校長）

船見　祐幾（埼玉県さいたま市立栄小学校）

細野亜希子（埼玉県上尾市立西小学校）

溝口　静江（元神奈川県公立小学校主幹教諭）

※所属は2023年1月現在のものです。

●企画・編集

佐藤 明彦（株式会社コンテクスト代表取締役、教育ジャーナリスト）

新版 子どもが伸びるポジティブ通知表所見文例集
小学校3年

2023年4月1日　新版第1刷発行

編　者　　小川　拓
　　　　　（おがわ）（ひろし）

発行人　　安部　英行
発行所　　学事出版株式会社
　　　　　〒101-0051　東京都千代田区神田神保町1-2-5
　　　　　電話　03-3518-9655
　　　　　HPアドレス https://www.gakuji.co.jp

制作協力　　株式会社コンテクスト
印刷・製本　精文堂印刷株式会社